RAPHAEl
Ephemeris o

M000187952

A Complete Aspectarian
Mean Obliquity of the Ecliptic, 2020, 23 ° 26′ 13″

INTRODUCTION

Greenwich Mean Time (GMT) has been used as the basis for all tabulations and times. The tabular data are for 12h GMT except for the additional Moon tabulations (headed 24h). All phenomena and aspect times are now in GMT (to obtain Local Mean Time of aspect, add / subtract the time equivalent of the longitude E / W respectively). The zodiacal sign ingresses are integrated with the Aspectarian as well as in a separate table (inside back cover). Additionally, the 10-daily positions for **Chiron***, the four of the larger asteroids (***Ceres***, ***Pallas***, ***Juno*** *and* ***Vesta***) and the* **Black Moon Lilith** *have been drawn from Raphael's definitive 151-year Ephemeris (page 37).*

BRITISH SUMMER TIME
British Summer Time begins on March 28 and ends on October 31.
When *British Summer Time* (one hour in advance of G.M.T.) is used,
subtract one hour from B.S.T. before entering this Ephemeris.
These dates are believed to be correct at the time of printing.

ISBN: 978 0 572 04803 7

© Strathearn Publishing Ltd, 2020

A CIP record for this book is available from the British Library

Printed in Great Britain by Charlesworth
(For earlier years phone 01256 302 692)

W. Foulsham & Co. Ltd. London
The Old Barrel Store, Draymans Lane,
Marlow, Bucks, SL7 2FF, England

NEW MOON–Jan.13,05h.00m. (23° ♑ 13′)

     JANUARY   2021   [RAPHAEL'S

D M	D W	Sidereal Time	⊙ Long.	⊙ Dec.	☽ Long.	☽ Lat.	☽ Dec.	☽ Node	24h. ☽ Long.	☽ Dec.
		h m s	° ′ ″	° ′	° ′ ″	° ′	° ′	° ′	° ′	° ′
1	F	18 45 27	11♑17 21	22 S 57	9♌17 55	3 N59	21 N46	18 ♊ 50	15♌55 05	20 N13
2	S	18 49 23	12 18 30	22 52	22 35 31	4 40	18 23	18 47	29 19 04	16 18
3	Su	18 53 20	13 19 39	22 46	6♍05 38	5 05	14 00	18 44	12♍55 05	11 30
4	M	18 57 16	14 20 47	22 40	19 47 17	5 14	8 51	18 41	26 42 06	6 05
5	T	19 01 13	15 21 56	22 33	3♎39 23	5 05	3 N13	18 37	10♎39 01	0 N17
6	W	19 05 10	16 23 06	22 26	17 40 52	4 38	2 S40	18 34	24 44 44	5 S35
7	Th	19 09 06	17 24 15	22 18	1♏50 28	3 53	8 28	18 31	8 ♏ 57 50	11 14
8	F	19 13 03	18 25 25	22 10	16 06 34	2 54	13 53	18 28	23 16 22	16 20
9	S	19 16 59	19 26 35	22 02	0♐26 51	1 44	18 33	18 25	7 ♐ 37 38	20 30
10	Su	19 20 56	20 27 45	21 53	14 48 13	0 N27	22 07	18 22	21 58 05	23 24
11	M	19 24 52	21 28 54	21 43	29 06 40	0 S51	24 17	18 18	6♑13 23	24 46
12	T	19 28 49	22 30 04	21 34	13♑17 38	2 05	24 51	18 15	20 18 50	24 32
13	W	19 32 45	23 31 13	21 23	27 16 27	3 11	23 49	18 12	4♒09 58	22 45
14	Th	19 36 42	24 32 22	21 13	10♒58 58	4 04	21 18	18 09	17 43 06	19 43
15	F	19 40 39	25 33 31	21 02	24 22 10	4 42	17 49	18 06	0 ♓ 55 59	15 44
16	S	19 44 35	26 34 38	20 50	7♓24 35	5 04	13 29	18 03	13 48 01	11 07
17	Su	19 48 32	27 35 45	20 38	20 06 29	5 11	8 40	17 59	26 20 16	6 10
18	M	19 52 28	28 36 52	20 26	2♈29 45	5 02	3 S38	17 56	8 ♈ 35 21	1 S05
19	T	19 56 25	29♑37 57	20 14	14 37 37	4 41	1 N27	17 53	20 37 04	3 N57
20	W	20 00 21	0♒39 02	20 01	26 34 20	4 07	6 25	17 50	2 ♉ 30 01	8 48
21	Th	20 04 18	1 40 05	19 47	8♉24 48	3 23	11 06	17 47	14 19 19	13 18
22	F	20 08 14	2 41 08	19 33	20 14 15	2 30	15 23	17 43	26 10 13	17 20
23	S	20 12 11	3 42 10	19 19	2♊07 52	1 31	19 06	17 40	8 ♊ 07 47	20 41
24	Su	20 16 08	4 43 11	19 05	14 10 33	0 S27	22 03	17 37	20 16 41	23 11
25	M	20 20 04	5 44 11	18 50	26 26 38	0 N39	24 03	17 34	2♋40 47	24 37
26	T	20 24 01	6 45 10	18 35	8♋59 26	1 45	24 53	17 31	15 22 50	24 49
27	W	20 27 57	7 46 08	18 20	21 51 05	2 47	24 25	17 28	28 24 13	23 40
28	Th	20 31 54	8 47 05	18 04	5♌02 10	3 41	22 35	17 24	11 ♌ 44 45	21 11
29	F	20 35 50	9 48 01	17 48	18 31 41	4 25	19 28	17 21	25 22 37	17 28
30	S	20 39 47	10 48 56	17 31	2♍17 06	4 54	15 13	17 18	9 ♍ 14 40	12 46
31	Su	20 43 43	11♒49 50	17 S 14	16♍14 46	5 N06	10 N07	17 ♊ 15	23♍16 53	7 N20

D M	Mercury Lat.	Dec.	Venus Lat.	Dec.	Mars Lat.	Dec.	Jupiter Lat.	Dec.
	° ′	° ′ ° ′	° ′	° ′ ° ′	° ′	° ′ ° ′	° ′	° ′
1	2 S07	24 S 15 24 S 02	0 N 38	22 S 30 22 S 37	0 N 53	11 N26 11 N 36	0 S 29	19 S 59
3	2 09	23 47 23 31	0 33	22 44 22 49	0 55	11 47 11 57	0 30	19 53
5	2 08	23 13 22 54	0 28	22 55 22 59	0 57	12 08 12 19	0 30	19 47
7	2 06	22 33 22 11	0 23	23 03 23 06	0 59	12 29 12 40	0 30	19 40
9	2 02	21 47 21 21	0 18	23 08 23 10	1 01	12 51 13 01	0 30	19 34
11	1 56	20 55 20 26	0 13	23 11 23 11	1 03	13 12 13 23	0 30	19 27
13	1 47	19 57 19 26	0 08	23 10 23 09	1 05	13 33 13 44	0 30	19 20
15	1 35	18 54 18 22	0 N 03	23 07 23 04	1 07	13 55 14 06	0 30	19 13
17	1 20	17 48 17 13	0 S 05	23 01 22 57	1 08	14 16 14 27	0 31	19 07
19	1 01	16 38 16 03	0 08	22 52 22 47	1 10	14 38 14 49	0 31	18 59
21	0 39	15 28 14 53	0 13	22 40 22 34	1 11	14 59 15 10	0 31	18 52
23	0 S13	14 18 13 45	0 18	22 26 22 18	1 12	15 21 15 31	0 31	18 45
25	0 N16	13 12 12 42	0 22	22 09 21 59	1 14	15 42 15 52	0 31	18 38
27	0 48	12 14 11 48	0 27	21 49 21 38	1 15	16 03 16 13	0 31	18 31
29	1 23	11 26 11 S 07	0 32	21 26 21 S 14	1 16	16 24 16 N 34	0 31	18 23
31	1 N58	10 S 52	0 S 36	21 S 01	1 N 17	16 N44	0 S 32	18 S 16

FIRST QUARTER–Jan.20,21h.02m. (1° ♉ 02′)

FULL MOON – Jan.28,19h.16m. (9°♌06′)

EPHEMERIS]				JANUARY 2021													3
D	☿	♀	♂	♃	♄	♅	♆	♇	Lunar Aspects								
M	Long.	Long.	Long.	Long.	Long.	Long.	Long.	Long.	☉	☿	♀	♂	♃	♄	♅	♆	♇
	° ′	° ′	° ′	° ′	° ′	° ′	° ′	° ′									
1	18♑32	21♐ 02	27♈34	2♒54	1♒41	6♉48	18♓29	24♑12			⚻		☍		□	⚻	
2	20 10	22 17	28 01	3 08	1 48	6R 47	18 30	24 14	⚻		△	△					
3	21 48	23 33	28 27	3 21	1 55	6 46	18 31	24 16		⚻					△		⚻
4	23 26	24 48	28 54	3 35	2 02	6 46	18 32	24 18	△	△	□	⚻	⚻	⚻	⚻	☍	△
5	25 04	26 03	29 21	3 49	2 08	6 45	18 34	24 20					△	△			
6	26 43	27 18	29♈48	4 03	2 15	6 45	18 35	24 22	□								□
7	28♑22	28 33	0♉16	4 17	2 22	6 45	18 36	24 24		□	⚹	☍	□	□	☍	⚻	
8	0♒00	29♐ 48	0 43	4 31	2 29	6 44	18 38	24 26	⚹		∠					△	
9	1 38	1♑04	1 11	4 45	2 36	6 44	18 39	24 28	∠	⚹	⚺		⚹	⚹			⚹
10	3 16	2 19	1 40	4 59	2 43	6 44	18 40	24 30	⚺	∠		⚻	∠	∠	⚻	□	∠
11	4 54	3 34	2 08	5 13	2 50	6 44	18 42	24 32		⚺	☌	△	⚺	⚺			⚺
12	6 31	4 49	2 37	5 27	2 58	6 43	18 43	24 34							△	⚹	
13	8 08	6 05	3 06	5 41	3 05	6 43	18 45	24 36	☌			□		☌		∠	☌
14	9 43	7 20	3 35	5 55	3 12	6D 43	18 46	24 38		☌	⚺		☌		□		
15	11 17	8 35	4 04	6 09	3 19	6 43	18 48	24 40	⚺		∠					⚺	⚺
16	12 50	9 50	4 33	6 23	3 26	6 43	18 49	24 42	∠	⚺	⚹	⚹	⚺	⚺	⚹		∠
17	14 20	11 05	5 03	6 37	3 33	6 44	18 51	24 44				∠	∠	∠	∠	☌	⚹
18	15 49	12 21	5 33	6 51	3 40	6 44	18 52	24 46	⚹	∠		⚺	⚹	⚹	⚺		
19	17 14	13 36	6 03	7 06	3 47	6 44	18 54	24 48		⚹	□					⚺	
20	18 36	14 51	6 33	7 20	3 54	6 44	18 56	24 50	□								□
21	19 54	16 06	7 04	7 34	4 02	6 45	18 57	24 52				☌	□	□	☌	∠	
22	21 07	17 22	7 35	7 48	4 09	6 45	18 59	24 54		□	△					⚹	△
23	22 15	18 37	8 05	8 02	4 16	6 45	19 01	24 56	△		⚻			△	⚺		
24	23 16	19 52	8 36	8 17	4 23	6 46	19 02	24 58	⚻			⚺	△	⚻		□	⚻
25	24 11	21 07	9 07	8 31	4 30	6 47	19 04	25 00		△		∠	⚻		∠		
26	24 58	22 22	9 39	8 45	4 37	6 47	19 06	25 02		⚻		⚹			⚹		
27	25 35	23 38	10 10	8 59	4 44	6 48	19 08	25 04			☍					△	☍
28	26 04	24 53	10 42	9 14	4 52	6 49	19 10	25 06	☍			□	☍	☍	□	⚻	
29	26 22	26 08	11 13	9 28	4 59	6 49	19 11	25 08									
30	26 29	27 23	11 45	9 42	5 06	6 50	19 13	25 10		☍					△		
31	26♒25	28♑38	12♉17	9♒56	5♒13	6♉51	19♓15	25♑12			⚻	△		⚻	⚻	☍	⚻

D	Saturn		Uranus		Neptune		Pluto	
M	Lat.	Dec.	Lat.	Dec.	Lat.	Dec.	Lat.	Dec.
	° ′	° ′	° ′	° ′	° ′	° ′	° ′	° ′
1	0S23	20S10	0S27	13N21	1S05	5S33	1S12	22S27
3	0 23	20 07	0 27	13 21	1 05	5 32	1 12	22 26
5	0 24	20 04	0 27	13 21	1 05	5 31	1 12	22 26
7	0 24	20 01	0 27	13 21	1 05	5 30	1 12	22 25
9	0 24	19 58	0 27	13 20	1 05	5 29	1 12	22 25
11	0 24	19 55	0 27	13 20	1 05	5 28	1 13	22 24
13	0 24	19 51	0 27	13 20	1 05	5 27	1 13	22 24
15	0 24	19 48	0 27	13 20	1 05	5 25	1 13	22 23
17	0 24	19 45	0 27	13 20	1 04	5 24	1 13	22 23
19	0 24	19 42	0 26	13 21	1 04	5 23	1 13	22 22
21	0 25	19 39	0 26	13 21	1 04	5 21	1 13	22 21
23	0 25	19 35	0 26	13 21	1 04	5 20	1 14	22 21
25	0 25	19 32	0 26	13 22	1 04	5 19	1 14	22 20
27	0 25	19 29	0 26	13 22	1 04	5 17	1 14	22 20
29	0 25	19 26	0 26	13 23	1 04	5 16	1 14	22 19
31	0S25	19S22	0S26	13N23	1S04	5S14	1S14	22S19

Mutual Aspects

1 ☿⚹♆. ♀∥♇.
2 ♀⚻♅. 3 ☉∥♀.
4 ♀⚺♇. ♃∠♆.
5 ☿☌♇. ♀⊥♄.
6 ☉∥♇. ☿∥♀.
7 ♀⊥♃. ☿∥♇.
8 ☉⚹♆. ☿⚺♀. ☉∥☿.
9 ☿□♂. ♀△♂.
10 ☿☌♄. ☿∠♆. ♀⚺♄.
11 ☿☌♃.
12 ☿□♅. ♂∥♅.
13 ♀⚺♃. ♂□♄. ☿∥♄.
14 ☉☌♇. ♀△♅. ♀Q♆. ♂∠♆. ☿∥♃.
♅Stat.
16 ☿⊥♆. 17 ♃□♅.
20 ☿⚺♆. ♂☌♅. ♄∠♆.
22 ☉∥♄. ☿#♂.
23 ☉∠♆. ♀⚹♆. ♂□♃.
24 ☉☌♄. ♀∥♇.
25 ☿#♅.
26 ☉□♅. ☿Q♅. ☿⚺♇. ☉∥♃.
28 ♀☌♇.
29 ☉☌♃. ☿⚺♀.
30 ☿Stat.

LAST QUARTER – Jan. 6,09h.37m. (16°♎17′)

NEW MOON–Feb.11,19h.06m. (23°♒17′)

4				FEBRUARY	2021				[RAPHAEL'S	
D M	D W	Sidereal Time	☉ Long.	☉ Dec.	☽ Long.	☽ Lat.	☽ Dec.	☽ Node	24h. ☽ Long.	24h. ☽ Dec.
		h m s	° ′ ″	° ′	° ′ ″	° ′	° ′	° ′	° ′ ″	° ′
1	M	20 47 40	12 ♒ 50 43	16 S 57	0 ♎ 20 29	4 N59	4 N26	17 ♊ 12	7 ♎ 25 05	1 N29
2	T	20 51 37	13 51 35	16 40	14 30 14	4 35	1 S 30	17 09	21 35 32	4 S 28
3	W	20 55 33	14 52 27	16 22	28 40 38	3 53	7 22	17 05	5 ♏ 45 18	10 11
4	Th	20 59 30	15 53 18	16 04	12 ♏ 49 18	2 58	12 52	17 02	19 52 30	15 22
5	F	21 03 26	16 54 08	15 46	26 54 45	1 51	17 40	16 59	3 ♐ 55 58	19 42
6	S	21 07 23	17 54 57	15 28	10 ♐ 56 04	0 N39	21 26	16 56	17 54 57	22 52
7	Su	21 11 19	18 55 45	15 09	24 52 31	0 S 36	23 56	16 53	1 ♑ 48 39	24 38
8	M	21 15 16	19 56 33	14 50	8 ♑ 43 08	1 47	24 56	16 49	15 35 48	24 51
9	T	21 19 12	20 57 19	14 31	22 26 23	2 52	24 24	16 46	29 14 38	23 34
10	W	21 23 09	21 58 04	14 11	6 ♒ 00 13	3 46	22 25	16 43	12 ♒ 42 52	20 57
11	Th	21 27 06	22 58 48	13 51	19 22 16	4 26	19 13	16 40	25 58 09	17 16
12	F	21 31 02	23 59 30	13 31	2 ♓ 30 17	4 52	15 07	16 37	8 ♓ 58 29	12 49
13	S	21 34 59	25 00 11	13 11	15 22 37	5 02	10 24	16 34	21 42 40	7 54
14	Su	21 38 55	26 00 51	12 51	27 58 39	4 57	5 21	16 30	4 ♈ 10 42	2 S 46
15	M	21 42 52	27 01 29	12 30	10 ♈ 19 01	4 38	0 S 11	16 27	16 23 53	2 N23
16	T	21 46 48	28 02 05	12 09	22 25 40	4 07	4 N55	16 24	28 24 48	7 22
17	W	21 50 45	29 ♒ 02 39	11 48	4 ♉ 21 47	3 25	9 45	16 21	10 ♉ 17 10	12 02
18	Th	21 54 41	0 ♓ 03 12	11 27	16 11 34	2 35	14 13	16 18	22 05 37	16 15
19	F	21 58 38	1 03 43	11 06	27 59 58	1 38	18 07	16 14	3 ♊ 55 20	19 50
20	S	22 02 35	2 04 12	10 44	9 ♊ 52 24	0 S 36	21 20	16 11	15 51 52	22 37
21	Su	22 06 31	3 04 39	10 23	21 54 25	0 N27	23 39	16 08	28 00 42	24 25
22	M	22 10 28	4 05 05	10 01	4 ♋ 11 21	1 31	24 53	16 05	10 ♋ 26 56	25 03
23	T	22 14 24	5 05 29	9 39	16 47 54	2 32	24 54	16 02	23 14 40	24 24
24	W	22 18 21	6 05 50	9 16	29 47 30	3 27	23 34	15 59	6 ♌ 26 34	22 23
25	Th	22 22 17	7 06 10	8 54	13 ♌ 11 51	4 12	20 53	15 55	20 03 14	19 03
26	F	22 26 14	8 06 28	8 32	27 00 23	4 44	16 57	15 52	4 ♍ 02 50	14 35
27	S	22 30 10	9 06 44	8 09	11 ♍ 10 00	4 59	11 59	15 49	18 21 07	9 12
28	Su	22 34 07	10 ♓ 06 59	7 S 46	25 ♍ 35 22	4 N56	6 N17	15 ♊ 46	2 ♎ 51 51	3 N15

D M	Mercury Lat.	Mercury Dec.		Venus Lat.	Venus Dec.		Mars Lat.	Mars Dec.		Jupiter Lat.	Jupiter Dec.
	° ′	° ′	° ′	° ′	° ′	° ′	° ′	° ′	° ′	° ′	° ′
1	2 N15	10 S 41	10 S 34	0 S 38	20 S 48	20 S 34	1 N 17	16 N55	17 N 05	0 S 32	18 S 12
3	2 47	10 32	10 34	0 43	20 19	20 04	1 18	17 15	17 25	0 32	18 05
5	3 13	10 40	10 50	0 47	19 48	19 31	1 19	17 35	17 45	0 32	17 57
7	3 31	11 04	11 20	0 51	19 14	18 57	1 20	17 55	18 05	0 32	17 49
9	3 41	11 39	12 00	0 55	18 38	18 20	1 21	18 15	18 25	0 32	17 41
11	3 40	12 21	12 44	0 58	18 00	17 41	1 22	18 34	18 44	0 33	17 34
13	3 31	13 06	13 28	1 02	17 20	17 00	1 22	18 54	19 03	0 33	17 26
15	3 15	13 49	14 09	1 05	16 38	16 17	1 23	19 12	19 22	0 33	17 18
17	2 54	14 28	14 45	1 08	15 55	15 32	1 24	19 31	19 40	0 33	17 10
19	2 31	15 01	15 15	1 11	15 09	14 46	1 24	19 49	19 58	0 34	17 02
21	2 05	15 27	15 38	1 13	14 22	13 57	1 25	20 07	20 15	0 34	16 54
23	1 39	15 47	15 54	1 16	13 33	13 08	1 25	20 24	20 32	0 34	16 46
25	1 13	16 00	16 04	1 18	12 43	12 17	1 26	20 41	20 49	0 34	16 38
27	0 48	16 06	16 07	1 20	11 51	11 25	1 26	20 57	21 05	0 34	16 30
29	0 25	16 06	16 S 03	1 22	10 58	10 S 31	1 27	21 13	21 N 21	0 35	16 22
31	0 N02	15 S 59		1 S 23	10 S 04		1 N 27	21 N29		0 S 35	16 S 14

FIRST QUARTER–Feb.19,18h.47m. (1°♊21′)

FULL MOON–Feb.27,08h.17m. (8°♍57′)

D M	☿ Long.	♀ Long.	♂ Long.	♃ Long.	♄ Long.	♅ Long.	♆ Long.	♇ Long.	☉	☿	♀	♂	♃	♄	♅	♆	♇
	° ′	° ′	° ′	° ′	° ′	° ′	° ′	° ′									
1	26♒10	29♑53	12♉49	10♒11	5♒20	6♉52	19♓17	25♑14	⚼		△	⚼	⚼	△			△
2	25R 44	1♒09	13 21	10 25	5 27	6 53	19 19	25 16	△	⚼			△				
3	25 07	2 24	13 53	10 39	5 34	6 54	19 21	25 17		△	□			□		⚼	□
4	24 21	3 39	14 26	10 53	5 41	6 55	19 23	25 19	□			☍	□		☍	△	
5	23 26	4 54	14 58	11 08	5 48	6 56	19 25	25 21		□							⚹
6	22 24	6 09	15 31	11 22	5 55	6 57	19 27	25 23			⚹		⚹	⚹			∠
7	21 17	7 25	16 04	11 36	6 03	6 58	19 29	25 25	⚹	⚹	∠	⚼	∠	∠	⚼	□	⊻
8	20 06	8 40	16 37	11 50	6 10	7 00	19 31	25 27	∠	∠	⊻		⊻	⊻	△		
9	18 55	9 55	17 10	12 04	6 17	7 01	19 33	25 29	⊻	⊻		△				⚹	☌
10	17 44	11 10	17 43	12 19	6 24	7 02	19 35	25 31			☌		☌	☌	□	∠	
11	16 36	12 25	18 16	12 33	6 31	7 04	19 37	25 32	☌	☌		□				⊻	⊻
12	15 31	13 40	18 49	12 47	6 37	7 05	19 39	25 34						⊻	⚹		
13	14 32	14 55	19 23	13 01	6 44	7 07	19 41	25 36		⊻	⊻	⚹	⊻			☌	∠
14	13 40	16 11	19 56	13 15	6 51	7 08	19 43	25 38	⊻	∠	∠		∠	∠	∠		⚹
15	12 55	17 26	20 30	13 29	6 58	7 10	19 46	25 39	∠	⚹		∠	⚹	⚹	⊻		
16	12 17	18 41	21 03	13 43	7 05	7 12	19 48	25 41			⚹	⊻				⊻	□
17	11 47	19 56	21 37	13 57	7 12	7 13	19 50	25 43	⚹					□	☌	∠	
18	11 24	21 11	22 11	14 11	7 19	7 15	19 52	25 45		□	□		□			⚹	
19	11 10	22 26	22 45	14 25	7 25	7 17	19 54	25 46	□			☌					△
20	11 02	23 41	23 19	14 39	7 32	7 19	19 56	25 48		△			△	△	⊻		⚼
21	11D 02	24 56	23 53	14 53	7 39	7 21	19 59	25 50		⚼	△	⊻		⚼	∠	□	
22	11 09	26 11	24 27	15 07	7 46	7 23	20 01	25 51	△			∠	⚼		⚹		
23	11 21	27 26	25 01	15 21	7 52	7 24	20 03	25 53	⚼		⚼					△	
24	11 40	28 41	25 36	15 35	7 59	7 26	20 05	25 55				⚹				⚼	☍
25	12 04	29♒56	26 10	15 49	8 05	7 29	20 07	25 56		☍			☍	☍	□		
26	12 33	1♓11	26 45	16 02	8 12	7 31	20 10	25 58			☍	□					
27	13 07	2 26	27 19	16 16	8 18	7 33	20 12	25 59	☍						△		⚼
28	13♒46	3♓41	27♉54	16♒30	8♒25	7♉35	20♓14	26♑01		⚼		△	⚼	⚼	⚼	☍	△

D M	Saturn Lat.	Saturn Dec.	Uranus Lat.	Uranus Dec.	Neptune Lat.	Neptune Dec.	Pluto Lat.	Pluto Dec.
	° ′	° ′	° ′	° ′	° ′	° ′	° ′	° ′
1	0S25	19S21	0S26	13N24	1S04	5S14	1S15	22S19
3	0 26	19 17	0 26	13 24	1 04	5 12	1 15	22 18
5	0 26	19 14	0 26	13 25	1 04	5 10	1 15	22 18
7	0 26	19 11	0 26	13 26	1 04	5 09	1 15	22 17
9	0 26	19 07	0 26	13 27	1 04	5 07	1 15	22 17
11	0 26	19 04	0 26	13 28	1 04	5 06	1 16	22 16
13	0 26	19 01	0 26	13 29	1 04	5 04	1 16	22 16
15	0 27	18 57	0 26	13 30	1 04	5 02	1 16	22 15
17	0 27	18 54	0 26	13 31	1 04	5 01	1 16	22 15
19	0 27	18 51	0 26	13 32	1 04	4 59	1 16	22 14
21	0 27	18 48	0 26	13 34	1 04	4 57	1 17	22 14
23	0 27	18 44	0 25	13 35	1 04	4 55	1 17	22 14
25	0 27	18 41	0 25	13 36	1 04	4 54	1 17	22 13
27	0 28	18 38	0 25	13 38	1 04	4 52	1 17	22 13
29	0 28	18 35	0 25	13 39	1 04	4 50	1 18	22 12
31	0S28	18S32	0S25	13N41	1S04	4S48	1S18	22S12

Mutual Aspects

1 ☉□♂. ☉⊥♆. ☉#♂.
3 ☿Q♅. ☿⊻♇.
5 ♀∠♆.
6 ♀☌♄.
7 ♀□♅. ♀||♄. ♂#♃.
8 ☉☌☿. ☉⊻♆. ☿⊻♆.
10 ☿□♂. ♀#♂.
11 ♀☌♃.
12 ♀⊥♆. ☉#♅.
13 ☉Q♅. ☿☌♀. ☉||☿. ♀||♃.
14 ☉⊻♇. ☿☌♃. ☿⊥♆. ♂⚹♆. ☿#♅. ♂#♄.
16 ♃⊥♆.
17 ♀⊻♆. ♄□♅.
19 ♀□♂. ☿||♀.
20 ☉⊥♇.
21 ♀Q♅. ☿Stat.
22 ♀⊻♇.
23 ♀#♅.
25 ☉⚹♅. ♂△♇.
26 ☉⊻♄.
27 ♀⊥♇.

LAST QUARTER–Feb. 4,17h.37m. (16°♏08′)

NEW MOON – Mar.13,10h.21m. (23° ℋ04′)

6							MARCH		2021			[RAPHAEL'S	
D	D	Sidereal	⊙	⊙	☽	☽	☽	☽				24h.	
M	W	Time	Long.	Dec.	Long.	Lat.	Dec.	Node			☽ Long.	☽ Dec.	

D M	D W	h m s	° ′ ″	° ′	° ′ ″	° ′	° ′	° ′	° ′	° ′	° ′	° ′
1	M	22 38 04	11 ℋ 07 11	7 S 24	10 ♎ 09 38	4 N34	0 N10	15 ♊ 43	17 ♎ 27 50	2 S 55
2	T	22 42 00	12 07 22	7 01	24 45 37	3 53	5 S 58	15 40	2 ♏ 02 12	8 56
3	W	22 45 57	13 07 32	6 38	9 ♏ 16 58	2 58	11 46	15 36	16 29 22	14 26
4	Th	22 49 53	14 07 40	6 15	23 39 01	1 52	16 53	15 33	0 ♐ 45 37	19 04
5	F	22 53 50	15 07 47	5 52	7 ♐ 49 02	0 N40	20 57	15 30	14 49 11	22 32
6	S	22 57 46	16 07 52	5 28	21 46 04	0 S 34	23 45	15 27	28 39 45	24 36
7	Su	23 01 43	17 07 55	5 05	5 ♑ 30 18	1 44	25 04	15 24	12 ♑ 17 51	25 09
8	M	23 05 39	18 07 57	4 42	19 02 28	2 48	24 51	15 20	25 44 16	24 12
9	T	23 09 36	19 07 58	4 18	2 ≈ 23 17	3 41	23 13	15 17	8 ≈ 59 36	21 55
10	W	23 13 33	20 07 56	3 55	15 33 10	4 22	20 15	15 14	22 04 00	18 31
11	Th	23 17 29	21 07 53	3 31	28 32 02	4 48	16 29	15 11	4 ℋ 57 13	14 16
12	F	23 21 26	22 07 48	3 07	11 ℋ 19 30	4 59	11 56	15 08	17 38 47	9 29
13	S	23 25 22	23 07 41	2 44	23 55 04	4 56	6 57	15 05	0 ♈ 08 18	4 S 22
14	Su	23 29 19	24 07 32	2 20	6 ♈ 18 33	4 38	1 S 45	15 01	12 25 51	0 N51
15	M	23 33 15	25 07 21	1 56	18 30 21	4 08	3 N25	14 58	24 32 14	5 57
16	T	23 37 12	26 07 08	1 33	0 ♉ 31 44	3 27	8 25	14 55	6 ♉ 29 09	10 48
17	W	23 41 08	27 06 53	1 09	12 24 52	2 38	13 04	14 52	18 19 18	15 12
18	Th	23 45 05	28 06 35	0 45	24 12 57	1 41	17 11	14 49	0 ♊ 06 21	19 01
19	F	23 49 02	29 ℋ 06 16	0 S 21	6 ♊ 00 05	0 S 41	20 38	14 46	11 54 45	22 04
20	S	23 52 58	0 ♈ 05 54	0 N02	17 51 02	0 N22	23 15	14 42	23 49 36	24 11
21	Su	23 56 55	1 05 30	0 26	29 51 08	1 25	24 51	14 39	5 ♋ 56 20	25 14
22	M	0 00 51	2 05 04	0 50	12 ♋ 05 53	2 25	25 18	14 36	18 20 27	25 03
23	T	0 04 48	3 04 35	1 13	24 40 36	3 20	24 28	14 33	1 ♌ 06 54	23 33
24	W	0 08 44	4 04 05	1 37	7 ♌ 39 48	4 06	22 19	14 30	14 19 36	20 45
25	Th	0 12 41	5 03 31	2 01	21 06 31	4 41	18 53	14 28	28 00 34	16 44
26	F	0 16 37	6 02 56	2 24	5 ♍ 01 35	5 00	14 19	14 23	12 ♍ 09 14	11 40
27	S	0 20 34	7 02 18	2 48	19 22 57	5 01	8 49	14 20	26 42 00	5 N49
28	Su	0 24 31	8 01 38	3 11	4 ♎ 05 29	4 43	2 N42	14 17	11 ♎ 32 20	0 S 29
29	M	0 28 27	9 00 56	3 34	19 01 26	4 05	3 S 40	14 14	26 31 35	6 49
30	T	0 32 24	10 00 12	3 58	4 ♏ 01 37	3 10	9 52	14 11	11 ♏ 30 26	12 47
31	W	0 36 20	10 ♈ 59 27	4 N21	18 ♏ 57 01	2 N03	15 S 29	14 ♊ 07	26 ♏ 20 30	17 S 57

D M	Mercury			Venus			Mars			Jupiter	
	Lat.	Dec.		Lat.	Dec.		Lat.	Dec.		Lat.	Dec.

D M	° ′	° ′	° ′	° ′	° ′	° ′	° ′	° ′	° ′	° ′	° ′
1	0 N25	16 S 06	16 S 03	1 S 22	10 S 58	10 S 31	1 N 27	21 N13	21 N 21	0 S 35	16 S 22
3	0 N02	15 59	15 53	1 23	10 04	9 36	1 27	21 29	21 37	0 35	16 14
5	0 S 19	15 46	15 37	1 24	9 09	8 41	1 27	21 44	21 51	0 35	16 06
7	0 38	15 27	15 15	1 25	8 12	7 44	1 27	21 59	22 06	0 36	15 58
9	0 56	15 02	14 48	1 26	7 15	6 46	1 28	22 13	22 20	0 36	15 50
11	1 12	14 31	14 14	1 26	6 17	5 48	1 28	22 26	22 33	0 36	15 43
13	1 27	13 55	13 35	1 26	5 19	4 49	1 28	22 39	22 46	0 36	15 35
15	1 40	13 14	12 51	1 26	4 20	3 50	1 28	23 04	22 58	0 37	15 27
17	1 51	12 27	12 02	1 26	3 20	2 50	1 28	23 04	23 10	0 37	15 19
19	2 00	11 35	11 07	1 25	2 20	1 50	1 29	23 15	23 21	0 37	15 11
21	2 08	10 38	10 07	1 24	1 20	0 S 50	1 29	23 26	23 31	0 37	15 03
23	2 14	9 36	9 03	1 23	0 S 20	0 N11	1 29	23 37	23 41	0 38	14 56
25	2 19	8 29	7 54	1 22	0 N41	1 11	1 29	23 46	23 51	0 38	14 48
27	2 21	7 17	6 40	1 20	1 41	2 11	1 29	23 55	24 00	0 38	14 40
29	2 22	6 01	5 S 21	1 18	2 42	3 N12	1 29	24 04	24 N 08	0 39	14 33
31	2 S 20	4 S 40		1 S 16	3 N42		1 N 29	24 N11		0 S 39	14 S 25

FIRST QUARTER – Mar.21,14h.40m. (1° ♋12′)

FULL MOON–Mar.28,18h.48m. (8°♎18′)

D M	☿ Long.	♀ Long.	♂ Long.	♃ Long.	♄ Long.	♅ Long.	♆ Long.	♇ Long.	Lunar Aspects ☉	☿	♀	♂	♃	♄	♅	♆	♇
	° ′	° ′	° ′	° ′	° ′	° ′	° ′	° ′									
1	14♒28	4♓56	28♉28	16♒43	8♒31	7♉37	20♓16	26♑03		△		⚼	△	△			
2	15 14	6 11	29 03	16 57	8 38	7 39	20 19	26 04	⚼		⚼						□
3	16 04	7 26	29♉38	17 11	8 44	7 42	20 21	26 05	△		△			□	☍	⚼	
4	16 57	8 41	0♊12	17 24	8 50	7 44	20 23	26 07		□		☍	□			△	✱
5	17 53	9 56	0 47	17 38	8 56	7 46	20 25	26 08			□			✱			∠
6	18 52	11 11	1 22	17 51	9 03	7 49	20 28	26 10	□	✱			✱	∠	⚼	□	⚺
7	19 54	12 26	1 57	18 04	9 09	7 51	20 30	26 11		∠			∠	⚺	△		
8	20 58	13 41	2 32	18 18	9 15	7 54	20 32	26 13	✱	⚺	✱	⚼	⚺			✱	
9	22 04	14 56	3 07	18 31	9 21	7 56	20 35	26 14	∠		∠	△			□	∠	☌
10	23 13	16 10	3 42	18 44	9 27	7 59	20 37	26 15	⚺		⚺		☌	☌		⚺	
11	24 24	17 25	4 17	18 58	9 33	8 01	20 39	26 17		☌		□					⚺
12	25 36	18 40	4 52	19 11	9 39	8 04	20 41	26 18						⚺	✱		∠
13	26 51	19 55	5 28	19 24	9 45	8 07	20 44	26 19	☌	⚺	☌		⚺	∠	∠	☌	✱
14	28 07	21 10	6 03	19 37	9 51	8 09	20 46	26 20				✱	∠	✱	⚺		
15	29♒25	22 25	6 38	19 50	9 56	8 12	20 48	26 22		∠	⚺	∠	✱			⚺	
16	0♓45	23 39	7 14	20 03	10 02	8 15	20 50	26 23	⚺	✱						∠	□
17	2 07	24 54	7 49	20 15	10 08	8 17	20 53	26 24	∠		∠	⚺		□	☌		
18	3 30	26 09	8 25	20 28	10 13	8 20	20 55	26 25	✱		✱		□			✱	△
19	4 54	27 24	9 00	20 41	10 19	8 23	20 57	26 26		□		☌		△	⚺		⚼
20	6 20	28 38	9 36	20 54	10 24	8 26	21 00	26 27					△		∠	□	
21	7 48	29♓53	10 11	21 06	10 30	8 29	21 02	26 28	□		□			⚼			
22	9 16	1♈08	10 47	21 19	10 35	8 32	21 04	26 29		△		⚺	⚼		✱		
23	10 47	2 22	11 23	21 31	10 40	8 35	21 06	26 30		⚼		∠				△	☍
24	12 18	3 37	11 58	21 43	10 45	8 38	21 09	26 31	△		△	✱		☍	□	⚼	
25	13 51	4 52	12 34	21 56	10 51	8 41	21 11	26 32	⚼		⚼		☍				
26	15 26	6 06	13 10	22 08	10 56	8 44	21 13	26 33							△		⚼
27	17 01	7 21	13 45	22 20	11 01	8 47	21 15	26 34		☍		□		⚼	⚼	☍	△
28	18 39	8 35	14 21	22 32	11 06	8 50	21 17	26 35	☍		☍		⚼	△			
29	20 17	9 50	14 57	22 44	11 11	8 53	21 20	26 36				△	△				
30	21 57	11 04	15 33	22 56	11 15	8 56	21 22	26 37		⚼		⚼		□	☍	⚼	□
31	23♓38	12♈19	16♊09	23♒08	11♒20	8♉59	21♓24	26♑38		△			□			△	

D M	Saturn Lat.	Saturn Dec.	Uranus Lat.	Uranus Dec.	Neptune Lat.	Neptune Dec.	Pluto Lat.	Pluto Dec.
	° ′	° ′	° ′	° ′	° ′	° ′	° ′	° ′
1	0S28	18S35	0S25	13N39	1S04	4S50	1S18	22S12
3	0 28	18 32	0 25	13 41	1 04	4 48	1 18	22 12
5	0 28	18 28	0 25	13 42	1 04	4 47	1 18	22 12
7	0 28	18 25	0 25	13 44	1 04	4 45	1 18	22 11
9	0 29	18 22	0 25	13 45	1 04	4 43	1 18	22 11
11	0 29	18 19	0 25	13 47	1 04	4 41	1 19	22 11
13	0 29	18 16	0 25	13 49	1 04	4 39	1 19	22 11
15	0 29	18 13	0 25	13 51	1 04	4 38	1 19	22 10
17	0 29	18 11	0 25	13 53	1 04	4 36	1 19	22 10
19	0 30	18 08	0 25	13 54	1 04	4 34	1 20	22 10
21	0 30	18 05	0 25	13 56	1 04	4 32	1 20	22 10
23	0 30	18 02	0 25	13 58	1 04	4 31	1 20	22 10
25	0 30	18 00	0 25	14 00	1 04	4 29	1 20	22 10
27	0 30	17 57	0 25	14 02	1 04	4 27	1 21	22 10
29	0 31	17 55	0 25	14 04	1 04	4 25	1 21	22 09
31	0S31	17S52	0S25	14N06	1S04	4S24	1S21	22S09

Mutual Aspects

1 ☉∠♇. ☿⊥♆.
3 ♀✱♅.
4 ♀⚺♄.
5 ☉⊥♄. ☿☌♃.
6 ♀∠♇.
8 ☉⚺♃. ☿⚺♆. ♂Q♆. ☉∥♆.
9 ♀⊥♄. ♂#♇.
11 ☉☌♆.
12 ☿Q♅. ♀⚺♃.
13 ☉∠♅. ☿⚺♇. ☿#♅.
14 ☉Q♂. ♀☌♆. ♀∥♆.
15 ☉∠♄.
16 ☉⊥♃. ☉✱♇. ♀∠♅.
17 ☿⊥♇. ♀∠♄.
18 ♀Q♂. ♀⊥♃. ♀✱♇. ♂⚺♅.
21 ☿✱♅. ♃⚺♆.
22 ☉⊥♅. ♂△♄. ☉#♀.
23 ☿⚺♄. ☿∠♇. ♀⊥♅. ♂⚼♇.
24 ☿□♂.
26 ☉☌♀.
27 ☉∠♃. ☿⊥♄. ♀∠♃.
28 ♀⚺♅. ♀Q♇.
29 ☉⚺♅. ☉Q♇. ♂⊥♅.
30 ☿☌♆. ♀✱♄.
31 ☉✱♄. ☿⚺♃. ☿∠♅. ☉#☿. ☉#♆.
☿∥♆.

LAST QUARTER–Mar. 6,01h.30m. (15°♐42′)

8					APRIL		2021		[RAPHAEL'S	
D M	D W	Sidereal Time	☉ Long.	☉ Dec.	☽ Long.	☽ Lat.	☽ Dec.	Node	24h. ☽ Long.	☽ Dec.
		h m s	° ′ ″	° ′	° ′ ″	° ′	° ′	° ′	° ′ ″	° ′
1	Th	0 40 17	11 ♈ 58 39	4 N44	3 ♐ 40 09	0 N47	20 S07	14 ♊ 04	10 ♐ 55 27	21 S 56
2	F	0 44 13	12 57 50	5 07	18 06 00	0 S30	23 24	14 01	25 11 34	24 28
3	S	0 48 10	13 56 59	5 30	2 ♑ 12 03	1 43	25 08	13 58	9 ♑ 07 29	25 24
4	Su	0 52 06	14 56 06	5 53	15 57 58	2 49	25 17	13 55	22 43 40	24 46
5	M	0 56 03	15 55 11	6 16	29 24 49	3 44	23 55	13 52	6 ≈ 01 39	22 44
6	T	1 00 00	16 54 15	6 38	12 ≈ 34 22	4 26	21 16	13 48	19 03 24	19 33
7	W	1 03 56	17 53 17	7 01	25 28 50	4 53	17 37	13 45	1 ♓ 50 56	15 30
8	Th	1 07 53	18 52 17	7 23	8 ♓ 09 55	5 05	13 13	13 42	14 25 58	10 49
9	F	1 11 49	19 51 15	7 46	20 39 15	5 03	8 20	13 39	26 49 56	5 47
10	S	1 15 46	20 50 11	8 08	2 ♈ 58 08	4 46	3 S12	13 36	9 ♈ 03 59	0 S35
11	Su	1 19 42	21 49 06	8 30	15 07 37	4 16	2 N01	13 32	21 09 12	4 N35
12	M	1 23 39	22 47 58	8 52	27 08 53	3 36	7 06	13 29	3 ♉ 06 51	9 33
13	T	1 27 35	23 46 48	9 14	9 ♉ 03 18	2 46	11 54	13 26	14 58 29	14 08
14	W	1 31 32	24 45 37	9 35	20 52 41	1 49	16 13	13 23	26 46 14	18 10
15	Th	1 35 29	25 44 23	9 57	2 ♊ 39 29	0 S47	19 55	13 20	8 ♊ 32 52	21 28
16	F	1 39 25	26 43 07	10 18	14 26 48	0 N16	22 48	13 17	20 21 48	23 53
17	S	1 43 22	27 41 49	10 39	26 18 24	1 20	24 43	13 13	2 ♋ 17 10	25 16
18	Su	1 47 18	28 40 29	11 00	8 ♋ 18 40	2 21	25 31	13 10	14 23 32	25 28
19	M	1 51 15	29 ♈ 39 07	11 21	20 32 23	3 16	25 06	13 07	26 45 49	24 25
20	T	1 55 11	0 ♉ 37 44	11 41	3 ♌ 04 28	4 04	23 26	13 04	9 ♌ 28 52	22 07
21	W	1 59 08	1 36 15	12 02	15 59 32	4 41	20 31	13 01	22 36 55	18 37
22	Th	2 03 04	2 34 46	12 22	29 21 19	5 04	16 27	12 58	6 ♍ 12 57	14 02
23	F	2 07 01	3 33 15	12 42	13 ♍ 11 51	5 11	11 23	12 54	20 17 54	8 33
24	S	2 10 58	4 31 42	13 02	27 30 45	4 59	5 N34	12 51	4 ♎ 49 53	2 N27
25	Su	2 14 54	5 30 06	13 21	12 ♎ 14 35	4 27	0 S44	12 48	19 43 56	3 S57
26	M	2 18 51	6 28 29	13 41	27 16 51	3 36	7 08	12 45	4 ♏ 52 11	10 15
27	T	2 22 47	7 26 49	14 00	12 ♏ 28 39	2 30	13 12	12 42	20 04 59	15 58
28	W	2 26 44	8 25 08	14 19	27 39 57	1 N12	18 28	12 38	5 ♐ 12 24	20 39
29	Th	2 30 40	9 23 26	14 37	12 ♐ 41 17	0 S09	22 28	12 35	20 05 45	23 54
30	F	2 34 37	10 ♉ 21 41	14 N56	27 ♐ 25 05	1 S29	24 S53	12 ♊ 32	4 ♑ 38 46	25 S 27

D	Mercury			Venus			Mars			Jupiter	
M	Lat.	Dec.		Lat.	Dec.		Lat.	Dec.		Lat.	Dec.
	° ′	° ′	° ′	° ′	° ′	° ′	° ′	° ′	° ′	° ′	° ′
1	2 S19	3 S58	3 S 15	1 S 15	4 N12	4 N42	1 N 29	24 N15	24 N 19	0 S 39	14 S 22
3	2 15	2 31	1 46	1 13	5 11	5 41	1 29	24 22	24 25	0 40	14 14
5	2 08	1 S00	0 S 13	1 10	6 11	6 40	1 29	24 28	24 31	0 40	14 07
7	2 00	0 N35	1 N 24	1 07	7 09	7 39	1 29	24 34	24 36	0 40	14 00
9	1 50	2 14	3 04	1 04	8 07	8 36	1 29	24 39	24 41	0 41	13 53
11	1 38	3 56	4 48	1 01	9 05	9 33	1 29	24 43	24 45	0 41	13 46
13	1 23	5 40	6 33	0 57	10 01	10 29	1 28	24 46	24 48	0 41	13 39
15	1 07	7 27	8 21	0 54	10 57	11 24	1 28	24 49	24 50	0 42	13 32
17	0 49	9 15	10 09	0 50	11 51	12 18	1 28	24 51	24 52	0 42	13 26
19	0 30	11 03	11 57	0 46	12 45	13 11	1 28	24 53	24 53	0 42	13 19
21	0 S09	12 50	13 42	0 42	13 37	14 03	1 28	24 54	24 54	0 43	13 13
23	0 N12	14 34	15 25	0 38	14 28	14 53	1 28	24 54	24 54	0 43	13 07
25	0 33	16 14	17 02	0 33	15 17	15 41	1 27	24 53	24 53	0 44	13 01
27	0 55	17 48	18 33	0 29	16 05	16 29	1 27	24 52	24 51	0 44	12 55
29	1 15	19 15	19 N 55	0 24	16 51	17 N14	1 27	24 50	24 N 49	0 45	12 49
31	1 N34	20 N33		0 S 20	17 N36		1 N 27	24 N48		0 S 45	12 S 43

FULL MOON–Apr.27,03h.32m. (7°♏06′)

D M	☿ Long.	♀ Long.	♂ Long.	♃ Long.	♄ Long.	♅ Long.	♆ Long.	♇ Long.	☉	☿	♀	♂	♃	♄	♅	♆	♇
	° ′	° ′	° ′	° ′	° ′	° ′	° ′	° ′									
1	25♓21	13♈33	16♊45	23♒20	11♒25	9♉02	21♓26	26♑38	⚼		⚼						✱
2	27 05	14 48	17 21	23 31	11 29	9 05	21 28	26 39	△		△	☍	✱	✱	⚼	□	∠
3	28♓50	16 02	17 56	23 43	11 34	9 09	21 30	26 40		□			∠	∠			⚺
4	0♈37	17 17	18 32	23 54	11 38	9 12	21 33	26 41	□		□			⚺	△	✱	
5	2 25	18 31	19 08	24 06	11 43	9 15	21 35	26 41		✱		⚼	⚺				☌
6	4 15	19 46	19 44	24 17	11 47	9 18	21 37	26 42	✱					☌	□	∠	
7	6 06	21 00	20 21	24 28	11 51	9 22	21 39	26 42		∠	✱	△	☌			⚺	⚺
8	7 59	22 14	20 57	24 39	11 55	9 25	21 41	26 43	∠	⚺	∠			⚺	✱		∠
9	9 53	23 29	21 33	24 50	11 59	9 28	21 43	26 44	⚺		⚺	□	⚺		∠	☌	✱
10	11 49	24 43	22 09	25 01	12 03	9 31	21 45	26 44						∠			
11	13 46	25 57	22 45	25 12	12 07	9 35	21 47	26 45		☌			∠	✱	⚺		
12	15 44	27 12	23 21	25 23	12 11	9 38	21 49	26 45	☌		☌	✱	✱			⚺	□
13	17 44	28 26	23 57	25 33	12 15	9 41	21 51	26 46				∠		□	☌	∠	
14	19 45	29♈40	24 34	25 44	12 19	9 45	21 53	26 46	⚺	⚺		⚺	□			✱	
15	21 47	0♉55	25 10	25 54	12 22	9 48	21 55	26 46		∠	⚺						△
16	23 51	2 09	25 46	26 05	12 26	9 52	21 57	26 47	∠		∠			△	⚺		⚼
17	25 56	3 23	26 22	26 15	12 29	9 55	21 59	26 47	✱	✱		☌	△	⚼	∠	□	
18	28♈01	4 37	26 59	26 25	12 32	9 58	22 01	26 47			✱		⚼		✱		
19	0♉08	5 51	27 35	26 35	12 36	10 02	22 03	26 47								△	
20	2 15	7 06	28 11	26 45	12 39	10 05	22 05	26 48	□	□	□	⚺				⚼	☍
21	4 23	8 20	28 48	26 55	12 42	10 09	22 07	26 48				∠		☍	□		
22	6 31	9 34	29♊24	27 04	12 45	10 12	22 08	26 48	△			✱	☍				
23	8 39	10 48	0♋00	27 14	12 48	10 16	22 10	26 48	⚼	△	△				△		⚼
24	10 46	12 02	0 37	27 23	12 51	10 19	22 12	26 48		⚼	⚼	□		⚼	⚼	☍	△
25	12 53	13 16	1 13	27 32	12 53	10 22	22 14	26 48					⚼	△			
26	15 00	14 30	1 49	27 42	12 56	10 26	22 16	26 48				△	△				□
27	17 05	15 44	2 26	27 51	12 58	10 29	22 17	26 48	☍	☍	☍	⚼		□	☍	⚼	
28	19 08	16 58	3 02	28 00	13 01	10 33	22 19	26R 48					□			△	✱
29	21 10	18 12	3 39	28 08	13 03	10 36	22 21	26 48						✱			∠
30	23♉09	19♉26	4♋15	28♒17	13♒05	10♉40	22♓23	26♑48	⚼			☍	✱	∠	⚼	□	⚺

D M	Saturn Lat.	Saturn Dec.	Uranus Lat.	Uranus Dec.	Neptune Lat.	Neptune Dec.	Pluto Lat.	Pluto Dec.
	° ′	° ′	° ′	° ′	° ′	° ′	° ′	° ′
1	0S31	17S51	0S25	14N07	1S04	4S23	1S21	22S09
3	0 31	17 49	0 25	14 09	1 04	4 21	1 22	22 09
5	0 32	17 47	0 25	14 11	1 05	4 20	1 22	22 09
7	0 32	17 45	0 25	14 13	1 05	4 18	1 22	22 09
9	0 32	17 42	0 25	14 15	1 05	4 16	1 22	22 09
11	0 32	17 40	0 24	14 18	1 05	4 15	1 23	22 09
13	0 33	17 39	0 24	14 20	1 05	4 13	1 23	22 10
15	0 33	17 37	0 24	14 22	1 05	4 12	1 23	22 10
17	0 33	17 35	0 24	14 24	1 05	4 10	1 23	22 10
19	0 33	17 34	0 24	14 26	1 05	4 09	1 24	22 10
21	0 34	17 32	0 24	14 28	1 05	4 07	1 24	22 10
23	0 34	17 31	0 24	14 31	1 05	4 06	1 24	22 10
25	0 34	17 29	0 24	14 33	1 05	4 05	1 24	22 10
27	0 34	17 28	0 24	14 35	1 05	4 03	1 25	22 11
29	0 35	17 27	0 24	14 37	1 05	4 02	1 25	22 11
31	0S35	17S26	0S24	14N39	1S05	4S01	1S25	22S11

Mutual Aspects

1 ☿⋕♀. ♀⋕♆.
2 ☿∠♄. ☿✱♇.
4 ☿⊥♃. ♃⋕♅.
5 ☿⊥♅.
6 ♀✱♂. ☉∥♀.
8 ☿Q♇. ♀⚺♆. ♂±♇.
9 ☿Q♂. ☿∠♃. ☿⚺♅. ♀Q♄. ♂□♆.
10 ☿✱♄. ♀✱♃.
11 ☉⚺♆. ☿⋕♆.
12 ♀□♇.
13 ☉✱♂. ♀⊥♆.
14 ☉Q♄. ♂∠♅.
15 ☉✱♃. ☿⚺♆.
16 ☉□♇. ☿Q♄.
17 ☉⊥♆. ☿✱♂. ☿✱♃. ☿□♇. ♂△♃.
18 ☿⊥♆. ♂⚻♇.
19 ☉☌☿. ♂⚼♄.
20 ♀∠♆. ♃⚺♇. ☉∥☿. ♀⋕♃.
21 ☿⋕♃.
22 ☿∠♆. ♀Q♃.
23 ☿Q♃. ♀☌♅. ☿∥♀. ☿∥♅. ♀∥♅.
24 ☿☌♅. ☉⋕♃.
25 ☿☌♀. ☿□♄. ♀□♄.
27 ☉∠♆. ☿∠♂. ☿⋕♄. ♇Stat.
29 ☉∥♅.
30 ☉Q♃. ☉☌♅. ☿✱♆. ♀∠♂.

LAST QUARTER–Apr. 4,10h.02m. (14°♑51′)

NEW MOON–May 11,19h.00m. (21° ♉ 18′)

24h.

D M	D W	Sidereal Time	⊙ Long.	⊙ Dec.	☽ Long.	☽ Lat.	☽ Dec.	☽ Node	☽ Long.	☽ Dec.
		h m s	° ′ ″	° ′	° ′ ″	° ′	° ′	° ′	° ′ ″	° ′
1	S	2 38 33	11 ♉ 19 56	15 N14	11 ♍ 46 26	2 S 41	25 S 35	12 ♊ 29	18 ♍ 47 54	25 S 18
2	Su	2 42 30	12 18 08	15 32	25 43 08	3 41	24 37	12 26	2 ≈ 32 11	23 35
3	M	2 46 27	13 16 20	15 49	9 ≈ 15 16	4 27	22 14	12 23	15 52 37	20 36
4	T	2 50 23	14 14 30	16 07	22 24 34	4 58	18 44	12 19	28 51 27	16 40
5	W	2 54 20	15 12 38	16 24	5 ♓ 13 41	5 13	14 26	12 16	11 ♓ 31 39	12 05
6	Th	2 58 16	16 10 45	16 41	17 45 44	5 12	9 37	12 13	23 56 21	7 05
7	F	3 02 13	17 08 50	16 57	0 ♈ 03 51	4 57	4 S 31	12 10	6 ♈ 08 37	1 S 55
8	S	3 06 09	18 06 54	17 13	12 10 58	4 29	0 N41	12 07	18 11 15	3 N16
9	Su	3 10 06	19 04 56	17 29	24 09 45	3 49	5 49	12 03	0 ♉ 06 45	8 18
10	M	3 14 02	20 02 57	17 45	6 ♉ 02 33	3 00	10 42	12 00	11 57 24	13 00
11	T	3 17 59	21 00 57	18 01	17 51 34	2 03	15 11	11 57	23 45 20	17 13
12	W	3 21 56	21 58 55	18 16	29 38 56	1 S 01	19 05	11 54	5 ♊ 32 40	20 46
13	Th	3 25 52	22 56 51	18 30	11 ♊ 26 49	0 N04	22 13	11 51	17 21 42	23 27
14	F	3 29 49	23 54 46	18 45	23 17 40	1 09	24 25	11 48	29 15 02	25 07
15	S	3 33 45	24 52 39	18 59	5 ♋ 14 12	2 12	25 32	11 44	11 ♋ 15 35	25 38
16	Su	3 37 42	25 50 31	19 13	17 19 35	3 09	25 27	11 41	23 26 40	24 56
17	M	3 41 38	26 48 21	19 26	29 37 17	3 59	24 07	11 38	5 ♌ 51 55	23 00
18	T	3 45 35	27 46 09	19 40	12 ♌ 11 02	4 39	21 36	11 35	18 35 06	19 54
19	W	3 49 31	28 43 56	19 53	25 04 32	5 05	17 57	11 32	1 ♍ 39 45	15 45
20	Th	3 53 28	29 ♉ 41 41	20 05	8 ♍ 21 05	5 17	13 20	11 29	15 08 47	10 43
21	F	3 57 25	0 ♊ 39 24	20 17	22 03 00	5 11	7 55	11 25	29 03 47	4 N59
22	S	4 01 21	1 37 05	20 29	6 ♎ 11 01	4 47	1 N56	11 22	13 ♎ 24 26	1 S 11
23	Su	4 05 18	2 34 45	20 40	20 43 37	4 03	4 S 20	11 19	28 07 56	7 27
24	M	4 09 14	3 32 24	20 52	5 ♏ 36 38	3 03	10 31	11 16	13 ♏ 08 47	13 26
25	T	4 13 11	4 30 01	21 02	20 43 19	1 49	16 11	11 13	28 19 07	18 40
26	W	4 17 07	5 27 37	21 13	5 ♐ 54 58	0 N27	20 51	11 09	13 ♐ 29 40	22 40
27	Th	4 21 04	6 25 11	21 23	21 02 04	0 S 57	24 05	11 06	28 31 05	25 03
28	F	4 25 00	7 22 45	21 32	5 ♑ 55 46	2 16	25 34	11 03	13 ♑ 15 17	25 37
29	S	4 28 57	8 20 18	21 42	20 29 01	3 24	25 14	11 00	27 36 27	24 26
30	Su	4 32 54	9 17 49	21 51	4 ≈ 37 18	4 17	23 16	10 57	11 ≈ 31 25	21 46
31	M	4 36 50	10 ♊ 15 20	21 N59	18 ≈ 18 48	4 S 54	20 S 00	10 ♊ 54	24 ≈ 59 36	17 S 59

D M	Mercury			Venus			Mars			Jupiter		
	Lat.	Dec.		Lat.	Dec.		Lat.	Dec.		Lat.	Dec.	
	° ′	° ′	° ′	° ′	° ′	° ′	° ′	° ′	° ′	° ′	° ′	
1	1 N34	20 N33	21 N 09	0 S 20	17 N36	17 N58	1 N 27	24 N48	24 N 46	0 S 45	12 S 43	
3	1 50	21 42	22 12	0 15	18 19	18 39	1 26	24 44	24 42	0 45	12 38	
5	2 04	22 40	23 06	0 10	19 00	19 19	1 26	24 40	24 38	0 46	12 33	
7	2 15	23 29	23 50	0 S 05	19 38	19 57	1 26	24 36	24 33	0 46	12 28	
9	2 23	24 08	24 24	0 00	20 15	20 33	1 26	24 30	24 27	0 47	12 23	
11	2 27	24 37	24 49	0 N 05	20 50	21 06	1 25	24 24	24 21	0 47	12 18	
13	2 28	24 58	25 05	0 10	21 22	21 37	1 25	24 17	24 14	0 48	12 14	
15	2 25	25 10	25 14	0 14	21 52	22 06	1 25	24 10	24 06	0 48	12 10	
17	2 18	25 15	25 15	0 19	22 19	22 32	1 24	24 02	23 58	0 49	12 06	
19	2 07	25 13	25 09	0 24	22 44	22 55	1 24	23 53	23 49	0 49	12 02	
21	1 53	25 04	24 58	0 29	23 06	23 16	1 24	23 44	23 39	0 50	11 58	
23	1 35	24 50	24 41	0 34	23 26	23 35	1 23	23 34	23 29	0 50	11 55	
25	1 13	24 30	24 19	0 39	23 43	23 50	1 23	23 23	23 18	0 51	11 52	
27	0 47	24 06	23 53	0 43	23 57	24 03	1 23	23 12	23 06	0 51	11 49	
29	0 N18	23 38	23 N 23	0 48	24 08	24 N13	1 22	23 00	22 N 54	0 52	11 47	
31	0 S 13	23 N06		0 N 52	24 N17		1 N 22	22 N47		0 S 52	11 S 44	

FIRST QUARTER–May 19,19h.13m. (29° ♌ 01′)

EPHEMERIS]				MAY 2021														11
D	☿	♀	♂	♃	♄	♅	♆	♇	Lunar Aspects									
M	Long.	Long.	Long.	Long.	Long.	Long.	Long.	Long.	☉	☿	♀	♂	♃	♄	♅	♆	♇	
	° ′	° ′	° ′	° ′	° ′	° ′	° ′	° ′										
1	25♉06	20♉40	4♋52	28♒26	13♒08	10♉43	22♓24	26♑48	△	⚼	⚼		∠	⊻	△			
2	27 01	21 54	5 28	28 34	13 10	10 47	22 26	26R 48		△	△		⊻			✱	☌	
3	28♉53	23 08	6 05	28 42	13 12	10 50	22 27	26 48	□					☌	□	∠		
4	0♊41	24 22	6 41	28 50	13 14	10 54	22 29	26 48			□	⚼				⊻	⊻	
5	2 27	25 35	7 18	28 58	13 15	10 57	22 31	26 48		□		△	☌		✱			
6	4 09	26 49	7 54	29 06	13 17	11 00	22 32	26 47	✱					⊻		☌	∠	
7	5 47	28 03	8 31	29 14	13 19	11 04	22 34	26 47	∠		✱		⊻	∠	∠		✱	
8	7 22	29♉17	9 07	29 21	13 20	11 07	22 35	26 47		✱	∠	□	∠	✱	⊻			
9	8 53	0♊31	9 44	29 29	13 22	11 11	22 37	26 47	⊻	∠			✱			⊻	□	
10	10 21	1 44	10 21	29 36	13 23	11 14	22 38	26 46		⊻	⊻	✱			☌	∠		
11	11 45	2 58	10 57	29 43	13 24	11 18	22 39	26 46	☌					□		✱		
12	13 04	4 12	11 34	29 50	13 25	11 21	22 41	26 45			☌	∠	□				△	
13	14 20	5 26	12 10	29♒57	13 26	11 24	22 42	26 45		☌		⊻		△	⊻		⚼	
14	15 32	6 39	12 47	0♓04	13 27	11 28	22 43	26 45	⊻					⚼	∠	□		
15	16 40	7 53	13 24	0 10	13 28	11 31	22 45	26 44	∠		⊻		△					
16	17 43	9 07	14 00	0 17	13 29	11 35	22 46	26 44		⊻		☌	⚼		✱	△		
17	18 42	10 20	14 37	0 23	13 29	11 38	22 47	26 43	✱	∠	∠						☍	
18	19 37	11 34	15 14	0 29	13 30	11 41	22 48	26 42			✱	⊻		☍	□	⚼		
19	20 28	12 48	15 51	0 35	13 30	11 45	22 50	26 42	□	✱		∠	☍					
20	21 14	14 01	16 27	0 40	13 31	11 48	22 51	26 41			□				△		⚼	
21	21 56	15 15	17 04	0 46	13 31	11 51	22 52	26 41		□		✱		⚼	⚼	☍	△	
22	22 33	16 28	17 41	0 51	13 31	11 55	22 53	26 40	△									
23	23 06	17 42	18 17	0 57	13R 31	11 58	22 54	26 39	⚼	△	△	□	⚼	△			□	
24	23 34	18 55	18 54	1 02	13 31	12 01	22 55	26 39		⚼	⚼		△		☍	⚼		
25	23 57	20 09	19 31	1 07	13 31	12 05	22 56	26 38				△		□		△	✱	
26	24 15	21 22	20 08	1 11	13 31	12 08	22 57	26 37	☍			⚼	□				∠	
27	24 29	22 36	20 45	1 16	13 30	12 11	22 58	26 36		☍	☍			∠	⚼	□	⊻	
28	24 38	23 49	21 21	1 20	13 30	12 14	22 59	26 36					✱		△			
29	24 43	25 03	21 58	1 25	13 29	12 17	23 00	26 35	⚼			☍	∠	⊻		✱	☌	
30	24R 42	26 16	22 35	1 29	13 29	12 21	23 01	26 34	△	⚼			⊻			∠		
31	24♊38	27♊29	23♋12	1♓33	13♒28	12♉24	23♓02	26♑33		△	⚼			☌	□	⊻		

D	Saturn		Uranus		Neptune		Pluto	
M	Lat.	Dec.	Lat.	Dec.	Lat.	Dec.	Lat.	Dec.
	° ′	° ′	° ′	° ′	° ′	° ′	° ′	° ′
1	0S35	17S26	0S24	14N39	1S05	4S01	1S25	22S11
3	0 35	17 25	0 24	14 41	1 05	4 00	1 26	22 12
5	0 35	17 24	0 24	14 44	1 05	3 58	1 26	22 12
7	0 36	17 24	0 24	14 46	1 05	3 57	1 26	22 12
9	0 36	17 23	0 24	14 48	1 06	3 56	1 26	22 13
11	0 36	17 23	0 24	14 50	1 06	3 55	1 27	22 13
13	0 37	17 22	0 24	14 52	1 06	3 54	1 27	22 13
15	0 37	17 22	0 24	14 54	1 06	3 53	1 27	22 14
17	0 37	17 22	0 24	14 56	1 06	3 52	1 27	22 14
19	0 37	17 22	0 24	14 58	1 06	3 51	1 28	22 15
21	0 38	17 22	0 24	15 00	1 06	3 51	1 28	22 15
23	0 38	17 22	0 24	15 02	1 06	3 50	1 28	22 16
25	0 38	17 23	0 24	15 04	1 06	3 49	1 28	22 16
27	0 39	17 23	0 24	15 06	1 06	3 48	1 29	22 17
29	0 39	17 24	0 24	15 08	1 06	3 48	1 29	22 17
31	0S39	17S24	0S24	15N10	1S06	3S47	1S29	22S18

Mutual Aspects

1 ♀ # ♄.
2 ☿△♇. ♀✱♆.
3 ☉□♄. ☿□♃.
4 ☿⊥♂. ☿#♇.
5 ♂±♄. ♃Q♅.
6 ☿Q♆. ♀△♇.
8 ♀□♃.
9 ☉#♄.
10 ☿⊻♂. ☿∥♂.
11 ☿⊻♅. ☿⚼♇.
12 ☿△♄. ♀Q♆. ♂✱♅.
13 ☉✱♆.
14 ♀⊥♂.
15 ♂∇♄.
16 ☿⊥♅.
17 ☉△♇. ♀#♇.
18 ♀⊻♅. ♀⚼♇. ♂⚼♃.
19 ☿±♇.
20 ♀△♄.
21 ☉□♃.
23 ☿□♆. ♀⊥♅. ♄ Stat.
24 ♀⊻♂. ♀∥♂.
25 ☉∠♂. ☉Q♆. ♀±♇.
27 ♀□♆. ☿∥♀.
29 ☿☌♀. ☿ Stat.
30 ♀∇♇.
31 ♀∠♅. ♂△♆.

12						JUNE		2021					[RAPHAEL'S	

D	D	Sidereal	☉	☉	☽	☽	☽	☽	24h.	
M	W	Time	Long.	Dec.	Long.	Lat.	Dec.	Node	☽ Long.	☽ Dec.

		h m s	° ′ ″	° ′	° ′ ″	° ′	° ′	° ′	° ′ ″	° ′
1	T	4 40 47	11 Ⅱ 12 50	22 N07	1 ♓ 34 01	5 S 14	15 S 48	10 Ⅱ 50	8 ♓ 02 26	13 S 27
2	W	4 44 43	12 10 20	22 15	14 25 14	5 17	11 00	10 47	20 42 52	8 28
3	Th	4 48 40	13 07 48	22 22	26 55 49	5 05	5 53	10 44	3 ♈ 04 38	3 S 16
4	F	4 52 36	14 05 16	22 29	9 ♈ 09 49	4 40	0 S 39	10 41	15 11 53	1 N57
5	S	4 56 33	15 02 43	22 36	21 11 22	4 02	4 N31	10 38	27 08 44	7 02
6	Su	5 00 29	16 00 09	22 42	3 ♉ 04 29	3 15	9 29	10 35	8 ♉ 59 03	11 50
7	M	5 04 26	16 57 35	22 48	14 52 52	2 19	14 05	10 31	20 46 20	16 12
8	T	5 08 23	17 55 00	22 53	26 39 49	1 18	18 09	10 28	2 Ⅱ 33 41	19 56
9	W	5 12 19	18 52 24	22 58	8 Ⅱ 28 13	0 S 13	21 30	10 25	14 23 45	22 51
10	Th	5 16 16	19 49 47	23 03	20 20 33	0 N53	23 58	10 22	26 18 54	24 48
11	F	5 20 12	20 47 10	23 07	2 ♋ 19 02	1 57	25 22	10 19	8 ♋ 21 13	25 37
12	S	5 24 09	21 44 32	23 11	14 25 41	2 56	25 34	10 15	20 32 40	25 13
13	Su	5 28 05	22 41 53	23 14	26 42 25	3 48	24 32	10 12	2 ♌ 55 11	23 34
14	M	5 32 02	23 39 14	23 17	9 ♌ 11 12	4 30	22 17	10 09	15 30 45	20 44
15	T	5 35 58	24 36 33	23 20	21 54 05	5 00	18 56	10 06	28 21 26	16 52
16	W	5 39 55	25 33 51	23 22	4 ♍ 53 05	5 15	14 36	10 03	11 ♍ 29 15	12 08
17	Th	5 43 52	26 31 09	23 24	18 10 09	5 14	9 29	10 00	24 55 59	6 42
18	F	5 47 48	27 28 26	23 25	1 ♎ 46 52	4 55	3 N48	9 56	8 ♎ 42 54	0 N49
19	S	5 51 45	28 25 42	23 25	15 44 03	4 19	2 S 12	9 53	22 50 15	5 S 15
20	Su	5 55 41	29 Ⅱ 22 57	23 26	0 ♏ 01 17	3 26	8 15	9 50	7 ♏ 16 50	11 12
21	M	5 59 38	0 ♋ 20 11	23 26	14 36 29	2 19	14 00	9 47	21 59 37	16 38
22	T	6 03 34	1 17 25	23 26	29 25 34	1 N02	19 01	9 44	6 ♐ 53 30	21 07
23	W	6 07 31	2 14 38	23 25	14 ♐ 22 31	0 S 20	22 51	9 41	21 51 36	24 12
24	Th	6 11 27	3 11 51	23 24	29 19 45	1 41	25 07	9 37	6 ♑ 45 56	25 34
25	F	6 15 24	4 09 04	23 22	14 ♑ 09 08	2 54	25 34	9 34	21 28 27	25 07
26	S	6 19 21	5 06 16	23 20	28 43 02	3 54	24 14	9 31	5 ♒ 52 13	22 59
27	Su	6 23 17	6 03 28	23 18	12 ♒ 55 25	4 39	21 23	9 28	19 52 17	19 30
28	M	6 27 14	7 00 40	23 15	26 42 35	5 05	17 23	9 25	3 ♓ 26 13	15 05
29	T	6 31 10	7 57 52	23 12	10 ♓ 03 17	5 14	12 38	9 21	16 33 59	10 06
30	W	6 35 07	8 ♋ 55 04	23 N08	22 ♓ 58 37	5 S 07	7 S 29	9 Ⅱ 18	29 ♓ 17 36	4 S 49

D	Mercury		Venus		Mars		Jupiter	
M	Lat.	Dec.	Lat.	Dec.	Lat.	Dec.	Lat.	Dec.

	° ′	° ′	° ′	° ′	° ′	° ′	° ′	° ′
1	0 S 30	22 N50	0 N 54	24 N20	1 N 22	22 N41	0 S 53	11 S 43
3	1 04	22 14	0 59	24 25	1 21	22 27	0 53	11 41
5	1 39	21 37	1 03	24 26	1 21	22 13	0 54	11 40
7	2 13	21 00	1 07	24 25	1 20	21 58	0 54	11 38
9	2 45	20 24	1 11	24 20	1 20	21 43	0 55	11 37
11	3 14	19 50	1 14	24 13	1 19	21 27	0 55	11 36
13	3 40	19 20	1 18	24 03	1 19	21 10	0 56	11 36
15	4 00	18 55	1 21	23 50	1 18	20 53	0 56	11 35
17	4 15	18 35	1 24	23 35	1 18	20 36	0 57	11 35
19	4 25	18 22	1 27	23 16	1 17	20 18	0 57	11 35
21	4 29	18 16	1 29	22 55	1 17	19 59	0 58	11 36
23	4 27	18 17	1 31	22 32	1 17	19 40	0 59	11 37
25	4 21	18 25	1 33	22 06	1 16	19 20	0 59	11 38
27	4 11	18 38	1 35	21 37	1 15	19 00	1 00	11 39
29	3 57	18 57	1 37	21 06	1 15	18 39	1 00	11 41
31	3 S 39	19 N20	1 N 38	20 N33	1 N 14	18 N18	1 S 01	11 S 43

FULL MOON–June24,18h.40m. (3°♑28′)

D M	☿ Long.	♀ Long.	♂ Long.	♃ Long.	♄ Long.	♅ Long.	♆ Long.	♇ Long.
	° ′	° ′	° ′	° ′	° ′	° ′	° ′	° ′
1	24♊28	28♊43	23♋49	1♓36	13♒27	12♉27	23♓02	26♑32
2	24R 15	29♊56	24 25	1 40	13R 26	12 30	23 03	26R 31
3	23 58	1♋09	25 02	1 43	13 25	12 33	23 04	26 30
4	23 37	2 23	25 39	1 46	13 24	12 36	23 05	26 29
5	23 13	3 36	26 16	1 49	13 23	12 39	23 05	26 28
6	22 46	4 49	26 53	1 52	13 21	12 42	23 06	26 27
7	22 17	6 02	27 30	1 55	13 20	12 45	23 07	26 26
8	21 46	7 16	28 07	1 57	13 19	12 48	23 07	26 25
9	21 13	8 29	28 44	1 59	13 17	12 51	23 08	26 24
10	20 40	9 42	29 21	2 01	13 15	12 54	23 08	26 23
11	20 06	10 55	29♋58	2 03	13 14	12 57	23 09	26 22
12	19 33	12 08	0♌35	2 05	13 12	13 00	23 09	26 21
13	19 01	13 22	1 12	2 06	13 10	13 03	23 10	26 20
14	18 30	14 35	1 49	2 07	13 08	13 06	23 10	26 19
15	18 01	15 48	2 26	2 09	13 06	13 09	23 10	26 17
16	17 34	17 01	3 03	2 09	13 03	13 11	23 11	26 16
17	17 10	18 14	3 40	2 10	13 01	13 14	23 11	26 15
18	16 50	19 27	4 17	2 11	12 59	13 17	23 11	26 14
19	16 33	20 40	4 54	2 11	12 56	13 19	23 11	26 13
20	16 21	21 53	5 31	2 11	12 54	13 22	23 12	26 11
21	16 12	23 06	6 08	2R 11	12 51	13 25	23 12	26 10
22	16 08	24 19	6 45	2 11	12 49	13 27	23 12	26 09
23	16D 08	25 32	7 22	2 10	12 46	13 30	23 12	26 08
24	16 13	26 44	7 59	2 10	12 43	13 32	23 12	26 06
25	16 23	27 57	8 36	2 09	12 40	13 35	23 12	26 05
26	16 38	29♋10	9 13	2 08	12 37	13 37	23R 12	26 04
27	16 57	0♌23	9 50	2 07	12 34	13 40	23 12	26 02
28	17 21	1 36	10 28	2 05	12 31	13 42	23 12	26 01
29	17 50	2 48	11 05	2 04	12 28	13 44	23 12	26 00
30	18♊24	4♌01	11♌42	2♓02	12♒24	13♉47	23♓12	25♑58

Lunar Aspects

D M	☉	☿	♀	♂	♃	♄	♅	♆	♇
1			△		☌				⚺
2	□			⚼		⚺	✱		∠
3		□	□	△	⚺	∠	∠	☌	✱
4	✱					✱	⚺		
5		✱		□	∠			⚺	□
6	∠	∠	✱		✱			∠	
7	⚺					□	☌		
8		⚺	∠	✱	□			✱	△
9			⚺	∠		△	⚺		⚼
10	☌	☌						□	
11				⚺	△	⚼	∠		
12		⚺	☌		⚼		✱		
13	⚺			☌				△	☍
14	∠	∠	⚺			☍	□	⚼	
15	✱	✱							
16			∠	⚺	☍				⚼
17		□	✱	∠			△	☍	
18	□			✱		⚼	⚼		△
19		△	□		⚼	△			
20	△	⚼		□	△				□
21	⚼					□	☍	⚼	
22			△		□			△	✱
23		☍	⚼	△		✱			∠
24	☍			⚼	✱	∠	⚼	□	⚺
25					∠	⚺	△		
26		⚼	☍		⚺			✱	☌
27		△		☍		☌	□	∠	
28	⚼				☌			⚺	⚺
29	△					⚺	✱		∠
30		□	⚼	⚼		∠	∠	☌	✱

D M	Saturn Lat.	Saturn Dec.	Uranus Lat.	Uranus Dec.	Neptune Lat.	Neptune Dec.	Pluto Lat.	Pluto Dec.
	° ′	° ′	° ′	° ′	° ′	° ′	° ′	° ′
1	0S39	17S25	0S24	15N11	1S07	3S47	1S29	22S18
3	0 40	17 25	0 24	15 13	1 07	3 46	1 30	22 19
5	0 40	17 26	0 24	15 15	1 07	3 46	1 30	22 20
7	0 40	17 27	0 24	15 17	1 07	3 45	1 30	22 20
9	0 40	17 29	0 24	15 19	1 07	3 45	1 30	22 21
11	0 41	17 30	0 24	15 20	1 07	3 45	1 30	22 21
13	0 41	17 31	0 24	15 22	1 07	3 45	1 31	22 22
15	0 41	17 33	0 24	15 24	1 07	3 44	1 31	22 23
17	0 41	17 34	0 24	15 25	1 07	3 44	1 31	22 23
19	0 42	17 36	0 24	15 27	1 07	3 44	1 31	22 24
21	0 42	17 37	0 24	15 29	1 07	3 44	1 32	22 25
23	0 42	17 39	0 24	15 30	1 08	3 44	1 32	22 26
25	0 43	17 41	0 24	15 32	1 08	3 44	1 32	22 26
27	0 43	17 43	0 24	15 33	1 08	3 44	1 32	22 27
29	0 43	17 45	0 24	15 34	1 08	3 44	1 33	22 28
31	0S43	17S47	0S24	15N36	1S08	3S45	1S33	22S28

Mutual Aspects

1 ☉⚼♇. ♀⚼♄.
2 ☉⚺♅. ☿⚺♂. ♂Q♅. ☿∥♂.
3 ☉△♄. ♀△♃. ☉∥☿. ☉∥♂. ☉⋕♇.
☿⋕♇.
4 ♂±♃. ♂⋕♇.
5 ☿□♆. ♂☍♇.
8 ☿⊥♂. ♀±♄.
9 ☉⊥♅.
11 ☉☌☿. ☉±♇. ☿±♇.
13 ☉□♆. ☿⊥♅. ♀▽♄. ♀✱♅.
14 ♄□♅.
15 ♂▽♃.
16 ☿⚺♀. ☿∠♂. ♀⚼♃.
17 ☉▽♇.
18 ☉∥♀.
19 ☉⚼♄. ☉∠♅.
20 ☉⊥♂. ☿⊥♀. ♃⊥♇. ♃Stat.
21 ♀△♆.
22 ☿Stat.
23 ☉△♃. ♀Q♅. ♀☍♇. ♀⋕♇.
24 ♀±♃. ♂⚼♆.
25 ♆Stat.
28 ☉±♄. ♀▽♃. ☿∥♂.
29 ☿∠♀.

LAST QUARTER–June 2,07h.24m. (11°♓59′)

| 14 | | | | | JULY | 2021 | | | | [RAPHAEL'S |

D	D	Sidereal	☉	☉	☽	☽	☽	☽		24h.	
M	W	Time	Long.	Dec.	Long.	Lat.	Dec.	Node	☽ Long.	☽ Dec.

		h m s	° ′ ″	° ′	° ′ ″	° ′	° ′	° ′	° ′ ″	° ′
1	Th	6 39 03	9♋52 16	23 N04	5♈31 26	4 S44	2 S10	9 ♊ 15	11 ♈ 40 37	0 N30
2	F	6 43 00	10 49 28	23 00	17 45 44	4 10	3 N07	9 12	23 47 25	5 41
3	S	6 46 56	11 46 41	22 55	29 46 15	3 25	8 12	9 09	5 ♉ 42 51	10 37
4	Su	6 50 53	12 43 53	22 50	11♉37 50	2 31	12 55	9 06	17 31 48	15 06
5	M	6 54 50	13 41 06	22 44	23 25 19	1 32	17 08	9 02	29 18 54	19 01
6	T	6 58 46	14 38 20	22 38	5♊13 04	0 S29	20 42	8 59	11 ♊ 08 17	22 10
7	W	7 02 43	15 35 33	22 32	17 04 59	0 N36	23 24	8 56	23 03 32	24 23
8	Th	7 06 39	16 32 47	22 25	29 04 16	1 40	25 06	8 53	5 ♋ 07 29	25 31
9	F	7 10 36	17 30 00	22 18	11♋13 24	2 40	25 37	8 50	17 22 15	25 24
10	S	7 14 32	18 27 14	22 10	23 34 10	3 33	24 53	8 47	29 49 16	24 02
11	Su	7 18 29	19 24 29	22 02	6♌07 37	4 17	22 53	8 43	12 ♌ 29 17	21 27
12	M	7 22 25	20 21 43	21 54	18 54 17	4 49	19 43	8 40	25 22 38	17 45
13	T	7 26 22	21 18 57	21 45	1♍54 20	5 06	15 34	8 37	8 ♍ 29 21	13 10
14	W	7 30 19	22 16 12	21 36	15 07 42	5 08	10 35	8 34	21 49 22	7 53
15	Th	7 34 15	23 13 26	21 26	28 34 21	4 53	5 N03	8 31	5 ♎ 22 38	2 N08
16	F	7 38 12	24 10 40	21 17	12♎14 14	4 21	0 S49	8 27	19 09 08	3 S48
17	S	7 42 08	25 07 55	21 06	26 07 18	3 34	6 46	8 24	3 ♏ 08 41	9 40
18	Su	7 46 05	26 05 10	20 56	10♏13 12	2 33	12 28	8 21	17 20 43	15 07
19	M	7 50 01	27 02 24	20 45	24 31 00	1 22	17 35	8 18	1 ♐ 43 46	19 48
20	T	7 53 58	27 59 40	20 34	8♐58 40	0 N04	21 43	8 15	16 13 23	23 18
21	W	7 57 54	28 56 55	20 22	23 32 51	1 S14	24 30	8 12	0 ♑ 50 56	25 17
22	Th	8 01 51	29♋54 11	20 10	8♑08 44	2 27	25 38	8 08	15 25 29	25 31
23	F	8 05 48	0♌51 27	19 58	22 40 22	3 30	24 59	8 05	29 52 35	24 01
24	S	8 09 44	1 48 44	19 45	7♒01 21	4 19	22 41	8 02	14 ♒ 05 58	21 01
25	Su	8 13 41	2 46 01	19 32	21 05 47	4 51	19 03	7 59	28 00 19	16 51
26	M	8 17 37	3 43 19	19 19	4♓49 10	5 05	14 28	7 56	11 ♓ 32 07	11 57
27	T	8 21 34	4 40 38	19 06	18 09 02	5 02	9 19	7 52	24 39 58	6 38
28	W	8 25 30	5 37 57	18 52	1♈05 05	4 44	3 S55	7 49	7 ♈ 24 39	1 S11
29	Th	8 29 27	6 35 18	18 37	13 39 03	4 12	1 N31	7 46	19 48 46	4 N10
30	F	8 33 23	7 32 39	18 23	25 54 19	3 29	6 45	7 43	1 ♉ 56 18	9 15
31	S	8 37 20	8♌30 02	18 N08	7♉55 19	2 S38	11 N39	7 ♊ 40	13 ♉ 52 04	13 N56

D		Mercury			Venus				Mars				Jupiter		
M	Lat.		Dec.		Lat.		Dec.		Lat.		Dec.		Lat.		Dec.

	° ′	° ′		° ′	° ′	° ′		° ′	° ′	° ′		° ′	° ′		° ′
1	3 S39	19 N20	19 N 33		1 N 38	20 N33	20 N15		1 N 14	18 N18	18 N 07		1 S 01	11 S 43
3	3 19	19 47	20 02		1 39	19 57	19 38		1 14	17 56	17 45		1 01	11 45
5	2 57	20 16	20 31		1 40	19 19	18 59		1 13	17 34	17 22		1 02	11 47
7	2 33	20 46	21 01		1 40	18 39	18 18		1 13	17 11	17 00		1 02	11 50
9	2 08	21 16	21 31		1 40	17 57	17 36		1 12	16 48	16 36		1 03	11 53
11	1 42	21 45	21 58		1 40	17 13	16 51		1 12	16 24	16 13		1 03	11 56
13	1 15	22 10	22 21		1 39	16 28	16 04		1 11	16 00	15 48		1 04	11 59
15	0 49	22 30	22 39		1 38	15 41	15 16		1 11	15 36	15 24		1 04	12 03
17	0 S23	22 45	22 49		1 37	14 52	14 27		1 10	15 11	14 59		1 05	12 07
19	0 N02	22 51	22 51		1 36	14 01	13 36		1 09	14 46	14 33		1 05	12 11
21	0 24	22 49	22 44		1 34	13 09	12 43		1 09	14 21	14 08		1 06	12 15
23	0 45	22 37	22 26		1 32	12 16	11 49		1 08	13 55	13 42		1 06	12 19
25	1 03	22 13	21 58		1 29	11 22	10 54		1 07	13 29	13 15		1 07	12 24
27	1 18	21 40	21 19		1 26	10 26	9 58		1 07	13 02	12 48		1 07	12 29
29	1 30	20 56	20 N 30		1 23	9 30	9 N01		1 06	12 35	12 N 21		1 08	12 34
31	1 N38	20 N02			1 N 20	8 N32			1 N 06	12 N08			1 S 08	12 S 39

FULL MOON–July24,02h.37m. (1°♒26′)

EPHEMERIS]				JULY 2021													15
D	☿	♀	♂	♃	♄	♅	♆	♇	Lunar Aspects								
M	Long.	Long.	Long.	Long.	Long.	Long.	Long.	Long.	☉	☿	♀	♂	♃	♄	♅	♆	♇
	° ′	° ′	° ′	° ′	° ′	° ′	° ′	° ′									
1	19♊02	5♌14	12♌19	2♓00	12♒21	13♉49	23♓11	25♑57	□		△		⊻				
2	19 45	6 27	12 56	1R 58	12R 18	13 51	23R 11	25R 56		✱		△	∠	✱	⊻	⊻	
3	20 32	7 39	13 33	1 55	12 14	13 53	23 11	25 54					✱				□
4	21 24	8 52	14 11	1 53	12 11	13 56	23 11	25 53	✱	∠	□	□		□	☌	∠	
5	22 21	10 04	14 48	1 50	12 07	13 58	23 10	25 51	∠	⊻						✱	△
6	23 22	11 17	15 25	1 47	12 03	14 00	23 10	25 50					□				⚼
7	24 27	12 30	16 03	1 44	12 00	14 02	23 10	25 49	⊻		✱	✱		△	⊻		
8	25 36	13 42	16 40	1 41	11 56	14 04	23 09	25 47		☌	∠	∠	△	⚼	∠	□	
9	26 50	14 55	17 17	1 37	11 52	14 06	23 09	25 46			⊻		⚼		✱		
10	28 08	16 07	17 54	1 33	11 48	14 08	23 08	25 44	☌	⊻		⊻				△	☍
11	29♊30	17 19	18 32	1 30	11 44	14 10	23 08	25 43						☍		⚼	
12	0♋56	18 32	19 09	1 26	11 40	14 11	23 07	25 41	⊻	∠	☌	☌			□		
13	2 26	19 44	19 47	1 21	11 36	14 13	23 07	25 40	∠	✱			☍				
14	3 59	20 57	20 24	1 17	11 32	14 15	23 06	25 39			⊻	⊻			△		⚼
15	5 37	22 09	21 01	1 13	11 28	14 17	23 06	25 37	✱					⚼	⚼	☍	△
16	7 18	23 21	21 39	1 08	11 24	14 18	23 05	25 36		□	∠	∠	⚼	△			
17	9 03	24 33	22 16	1 03	11 20	14 20	23 04	25 34	□		✱	✱	△				□
18	10 51	25 46	22 54	0 58	11 16	14 22	23 04	25 33		△				□	☍	⚼	
19	12 42	26 58	23 31	0 53	11 11	14 23	23 03	25 31	△	⚼	□	□	□			△	✱
20	14 36	28 10	24 09	0 48	11 07	14 25	23 02	25 30	⚼					✱			∠
21	16 33	29♌22	24 46	0 42	11 03	14 26	23 01	25 28			△	△	✱	∠	⚼	□	⊻
22	18 31	0♍34	25 24	0 37	10 59	14 28	23 01	25 27				⚼		⊻	△		
23	20 32	1 46	26 01	0 31	10 54	14 29	23 00	25 26		☍	⚼		∠			✱	☌
24	22 35	2 58	26 39	0 25	10 50	14 30	22 59	25 24	☍				⊻	☌		∠	
25	24 39	4 10	27 16	0 19	10 46	14 31	22 58	25 23				☍			□	⊻	⊻
26	26 45	5 22	27 54	0 13	10 41	14 33	22 57	25 21			☍		☌	⊻			∠
27	28♋51	6 34	28 31	0 07	10 37	14 34	22 56	25 20	⚼	⚼					✱	☌	
28	0♌57	7 46	29 09	0♓00	10 32	14 35	22 55	25 19	△	△			⊻	∠	∠		✱
29	3 04	8 58	29♌47	29♒54	10 28	14 36	22 54	25 17				⚼	∠	✱	⊻		
30	5 10	10 09	0♍24	29 47	10 23	14 37	22 53	25 16			⚼	△	✱			⊻	□
31	7♌16	11♍21	1♍02	29♒40	10♒19	14♉38	22♓52	25♑14	□	□	△			□		∠	

D	Saturn		Uranus		Neptune		Pluto	
M	Lat.	Dec.	Lat.	Dec.	Lat.	Dec.	Lat.	Dec.
	° ′	° ′	° ′	° ′	° ′	° ′	° ′	° ′
1	0S43	17S47	0S24	15N36	1S08	3S45	1S33	22S28
3	0 44	17 49	0 24	15 37	1 08	3 45	1 33	22 29
5	0 44	17 52	0 24	15 38	1 08	3 45	1 33	22 30
7	0 44	17 54	0 24	15 40	1 08	3 45	1 33	22 31
9	0 44	17 56	0 24	15 41	1 08	3 46	1 34	22 31
11	0 45	17 59	0 24	15 42	1 08	3 46	1 34	22 32
13	0 45	18 01	0 25	15 43	1 08	3 47	1 34	22 33
15	0 45	18 04	0 25	15 44	1 09	3 47	1 34	22 34
17	0 45	18 06	0 25	15 45	1 09	3 48	1 34	22 34
19	0 45	18 09	0 25	15 46	1 09	3 49	1 35	22 35
21	0 46	18 11	0 25	15 47	1 09	3 49	1 35	22 36
23	0 46	18 14	0 25	15 47	1 09	3 50	1 35	22 36
25	0 46	18 16	0 25	15 48	1 09	3 51	1 35	22 37
27	0 46	18 19	0 25	15 49	1 09	3 52	1 35	22 38
29	0 46	18 22	0 25	15 49	1 09	3 52	1 35	22 38
31	0S47	18S24	0S25	15N50	1S09	3S53	1S36	22S39

Mutual Aspects

1 ♂☍♄.
2 ☿⊥♅. ☿±♇.
3 ☉▽♄. ♀⚼♆. ♃Q♅. ☿∥♀.
4 ♂□♅. ♃⊥♇. ♂⋕♄.
5 ☉✱♅. 6 ☿□♆.
7 ♀☍♄. ☉⋕♇.
8 ☉⊻♂. ☉⚼♃. ☿▽♇. ♀□♅.
9 ☿⚼♄. ♂±♆. ♀⋕♄.
11 ☿∠♅. ♀±♆.
12 ☿△♃. ☉∥☿.
13 ♀☌♂. 14 ♂∥♅.
15 ☉△♆. ☿∠♂. ☿±♄. ☿⋕♇. ♀∥♂.
♀∥♅.
16 ♀▽♆.
17 ☉±♃. ☉☍♇.
18 ☉Q♅. ☿∠♀. ☿▽♄. ♀▽♇. ♂▽♆.
19 ☉⊻♀. 20 ☿✱♅.
21 ☿⚼♃.
22 ♀☍♃. ♂▽♇.
23 ☉▽♃. ☿⊥♂. ♀±♇. ☿⋕♇. ♀⋕♃.
24 ☿△♆.
25 ☿±♃. ☿☍♇.
26 ☿Q♅. 27 ☿⊻♂.
28 ☿▽♃.
29 ☿⊥♀. ♂☍♃. ♂⋕♃.
30 ☉⚼♆. ♀▽♄. ♀⚼♇. ☉⋕♄.
31 ☿⚼♆. ♂±♇.

LAST QUARTER–July 1,21h.11m. (10°♈14′) & July31,13h.16m. (8°♉33′)

NEW MOON–Aug. 8,13h.50m. (16° ♌ 14′)

D M	D W	Sidereal Time	☉ Long.	☉ Dec.	☽ Long.	☽ Lat.	☽ Dec.	☽ Node	☽ Long. (24h.)	☽ Dec. (24h.)
1	Su	8 41 17	9 ♌ 27 26	17 N53	19 ♉ 47 11	1 S 41	16 N04	7 ♊ 37	25 ♉ 41 21	18 N03
2	M	8 45 13	10 24 51	17 38	1 ♊ 35 15	0 S 39	19 50	7 33	7 ♊ 29 30	21 26
3	T	8 49 10	11 22 17	17 22	13 24 45	0 N24	22 48	7 30	19 21 34	23 56
4	W	8 53 06	12 19 45	17 06	25 20 31	1 27	24 48	7 27	1 ♋ 22 05	25 23
5	Th	8 57 03	13 17 13	16 50	7 ♋ 26 43	2 26	25 40	7 24	13 34 47	25 38
6	F	9 00 59	14 14 43	16 33	19 46 35	3 20	25 16	7 21	26 02 21	24 36
7	S	9 04 56	15 12 14	16 17	2 ♌ 22 13	4 05	23 36	7 18	8 ♌ 46 15	22 18
8	Su	9 08 52	16 09 45	15 59	15 14 26	4 38	20 41	7 14	21 46 41	18 49
9	M	9 12 49	17 07 18	15 42	28 22 49	4 58	16 41	7 11	5 ♍ 02 38	14 20
10	T	9 16 46	18 04 52	15 25	11 ♍ 45 52	5 02	11 48	7 08	18 32 14	9 05
11	W	9 20 42	19 02 27	15 07	25 21 24	4 48	6 15	7 05	2 ♎ 13 05	3 N20
12	Th	9 24 39	20 00 03	14 49	9 ♎ 06 57	4 19	0 N21	7 02	16 02 46	2 S 39
13	F	9 28 35	20 57 39	14 31	23 00 16	3 33	5 S 38	6 58	29 59 16	8 34
14	S	9 32 32	21 55 17	14 12	6 ♏ 59 34	2 35	11 25	6 55	14 ♏ 01 04	14 07
15	Su	9 36 28	22 52 56	13 53	21 03 37	1 27	16 38	6 52	28 07 08	18 56
16	M	9 40 25	23 50 35	13 34	5 ♐ 11 30	0 N13	20 57	6 49	12 ♐ 16 35	22 40
17	T	9 44 21	24 48 16	13 15	19 22 13	1 S 02	24 03	6 46	26 28 13	25 02
18	W	9 48 18	25 45 58	12 56	3 ♑ 34 18	2 13	25 36	6 43	10 ♑ 40 08	25 46
19	Th	9 52 15	26 43 40	12 36	17 45 21	3 15	25 29	6 39	24 49 30	24 48
20	F	9 56 11	27 41 24	12 16	1 ♒ 52 04	4 06	23 44	6 36	8 ♒ 52 31	22 18
21	S	10 00 08	28 39 09	11 57	15 50 20	4 40	20 33	6 33	22 44 58	18 31
22	Su	10 04 04	29 ♌ 36 56	11 36	29 35 54	4 58	16 16	6 30	6 ♓ 22 43	13 49
23	M	10 08 01	0 ♍ 34 43	11 16	13 ♓ 05 01	4 59	11 15	6 27	19 42 31	8 34
24	T	10 11 57	1 32 33	10 56	26 15 03	4 43	5 49	6 24	2 ♈ 42 33	3 S 03
25	W	10 15 54	2 30 23	10 35	9 ♈ 05 02	4 14	0 S 17	6 20	15 22 40	2 N27
26	Th	10 19 50	3 28 16	10 14	21 35 42	3 33	5 N08	6 17	27 44 27	7 44
27	F	10 23 47	4 26 10	9 53	3 ♉ 49 22	2 42	10 15	6 14	9 ♉ 50 55	12 38
28	S	10 27 44	5 24 06	9 32	15 49 42	1 46	14 53	6 11	21 46 17	16 59
29	Su	10 31 40	6 22 04	9 10	27 41 21	0 S 45	18 55	6 08	3 ♊ 35 32	20 39
30	M	10 35 37	7 20 04	8 49	9 ♊ 29 32	0 N18	22 10	6 04	15 24 04	23 27
31	T	10 39 33	8 ♍ 18 05	8 N27	21 ♊ 19 47	1 N20	24 N29	6 ♊ 01	27 ♊ 17 23	25 N14

D M	Mercury Lat.	Mercury Dec.	Mercury Dec.	Venus Lat.	Venus Dec.	Venus Dec.	Mars Lat.	Mars Dec.	Mars Dec.	Jupiter Lat.	Jupiter Dec.
1	1 N41	19 N32	19 N 00	1 N 18	8 N03	7 N34	1 N 05	11 N54	11 N 40	1 S 08	12 S 42
3	1 45	18 27	17 52	1 14	7 05	6 35	1 05	11 26	11 12	1 09	12 47
5	1 46	17 15	16 37	1 10	6 05	5 35	1 04	10 58	10 44	1 09	12 52
7	1 45	15 58	15 18	1 06	5 05	4 35	1 03	10 30	10 16	1 09	12 58
9	1 41	14 37	13 55	1 01	4 05	3 34	1 03	10 01	9 47	1 10	13 03
11	1 34	13 13	12 30	0 56	3 04	2 33	1 02	9 32	9 18	1 10	13 09
13	1 26	11 46	11 03	0 50	2 02	1 31	1 01	9 03	8 49	1 10	13 14
15	1 16	10 18	9 34	0 45	1 N00	0 N30	1 01	8 34	8 19	1 11	13 20
17	1 05	8 49	8 05	0 39	0 S 01	0 S 32	1 00	8 04	7 50	1 11	13 26
19	0 53	7 20	6 36	0 33	1 03	1 34	0 59	7 35	7 20	1 11	13 31
21	0 39	5 51	5 07	0 26	2 05	2 36	0 58	7 05	6 50	1 11	13 37
23	0 24	4 22	3 38	0 20	3 07	3 38	0 58	6 35	6 19	1 11	13 42
25	0 N09	2 55	2 11	0 13	4 08	4 39	0 57	6 04	5 49	1 12	13 48
27	0 S07	1 28	0 N 45	0 N06	5 10	5 40	0 56	5 34	5 18	1 12	13 53
29	0 23	0 N03	0 39	0 S 01	6 11	6 S 41	0 55	5 03	4 N 48	1 12	13 59
31	0 S40	1 S 20		0 S 09	7 S 11		0 N 55	4 N32		1 S 12	14 S 04

FIRST QUARTER–Aug.15,15h.20m. (23° ♏ 01′)

D	☿	♀	♂	♃	♄	♅	♆	♇	Lunar Aspects								
M	Long.	Long.	Long.	Long.	Long.	Long.	Long.	Long.	☉	☿	♀	♂	♃	♄	♅	♆	♇
	° ′	° ′	° ′	° ′	° ′	° ′	° ′	° ′									
1	9♌21	12♍33	1♍40	29♒33	10♒14	14♉39	22♓51	25♑13							☌	✱	△
2	11 26	13 44	2 17	29R 27	10R 10	14 40	22R 50	25R 12				□	□				
3	13 30	14 56	2 55	29 19	10 06	14 41	22 49	25 10	✱	✱	□			△	⊻		⚼
4	15 32	16 07	3 33	29 12	10 01	14 42	22 48	25 09	∠				△	⚼	∠	□	
5	17 34	17 19	4 11	29 05	9 57	14 42	22 47	25 07		∠		✱					
6	19 34	18 30	4 48	28 58	9 52	14 43	22 45	25 06	⊻	⊻	✱	∠	⚼		✱	△	☍
7	21 33	19 42	5 26	28 50	9 48	14 44	22 44	25 05			∠	⊻				⚼	
8	23 30	20 53	6 04	28 43	9 43	14 44	22 43	25 03	☌		⊻			☍	□		
9	25 26	22 04	6 42	28 35	9 39	14 45	22 42	25 02		☌			☍				
10	27 21	23 16	7 20	28 28	9 34	14 45	22 40	25 01				☌			△		⚼
11	29♌14	24 27	7 58	28 20	9 30	14 46	22 39	24 59	⊻	⊻	☌			⚼	⚼	☍	△
12	1♍05	25 38	8 36	28 12	9 26	14 46	22 38	24 58	∠			⊻	⚼	△			
13	2 55	26 49	9 14	28 05	9 21	14 47	22 37	24 57	✱	∠	⊻	∠	△				□
14	4 44	28 00	9 52	27 57	9 17	14 47	22 35	24 56		✱	∠	✱		□		⚼	
15	6 31	29♍11	10 30	27 49	9 13	14 47	22 34	24 54	□				□		☍	△	✱
16	8 16	0♎22	11 08	27 41	9 09	14 47	22 32	24 53		□	✱	□		✱			∠
17	10 00	1 33	11 46	27 33	9 04	14 47	22 31	24 52	△					∠		□	⊻
18	11 43	2 44	12 24	27 26	9 00	14 48	22 30	24 51			□		✱	⊻	⚼		
19	13 24	3 55	13 02	27 18	8 56	14 48	22 28	24 50	⚼	△		△	∠		△	✱	☌
20	15 04	5 06	13 40	27 10	8 52	14R 48	22 27	24 48		⚼	△	⚼	⊻	☌		∠	
21	16 42	6 16	14 18	27 02	8 48	14 48	22 25	24 47			⚼				□	⊻	
22	18 19	7 27	14 56	26 54	8 44	14 47	22 24	24 46	☍				☌				⊻
23	19 54	8 37	15 34	26 46	8 40	14 47	22 22	24 45				☍		⊻	✱		∠
24	21 29	9 48	16 12	26 39	8 36	14 47	22 21	24 44		☍			⊻	∠	∠	☌	✱
25	23 01	10 58	16 51	26 31	8 32	14 47	22 19	24 43			☍		∠	✱	⊻		
26	24 33	12 09	17 29	26 23	8 28	14 47	22 18	24 42	⚼				✱			⊻	□
27	26 03	13 19	18 07	26 15	8 24	14 46	22 16	24 41	△			⚼		□		∠	
28	27 31	14 29	18 45	26 08	8 21	14 46	22 15	24 40		⚼		△			☌		
29	28♍59	15 39	19 24	26 00	8 17	14 45	22 13	24 39		△	⚼		□			✱	△
30	0♎24	16 49	20 02	25 52	8 13	14 45	22 11	24 38	□					△	⊻		⚼
31	1♎49	17♎59	20♍40	25♒45	8♒10	14♉44	22♓10	24♑37			△	□	△	⚼		□	

D	Saturn		Uranus		Neptune		Pluto	
M	Lat.	Dec.	Lat.	Dec.	Lat.	Dec.	Lat.	Dec.
	° ′	° ′	° ′	° ′	° ′	° ′	° ′	° ′
1	0S47	18S25	0S25	15N50	1S09	3S54	1S36	22S39
3	0 47	18 28	0 25	15 51	1 09	3 55	1 36	22 40
5	0 47	18 31	0 25	15 51	1 09	3 56	1 36	22 41
7	0 47	18 33	0 25	15 52	1 09	3 57	1 36	22 41
9	0 47	18 36	0 25	15 52	1 09	3 58	1 36	22 42
11	0 47	18 38	0 25	15 52	1 10	3 59	1 36	22 43
13	0 48	18 41	0 25	15 52	1 10	4 00	1 37	22 43
15	0 48	18 43	0 25	15 52	1 10	4 01	1 37	22 44
17	0 48	18 45	0 25	15 53	1 10	4 02	1 37	22 44
19	0 48	18 48	0 25	15 53	1 10	4 03	1 37	22 45
21	0 48	18 50	0 25	15 53	1 10	4 05	1 37	22 46
23	0 48	18 52	0 25	15 52	1 10	4 06	1 37	22 46
25	0 48	18 54	0 25	15 52	1 10	4 07	1 37	22 47
27	0 48	18 56	0 25	15 52	1 10	4 08	1 37	22 47
29	0 48	18 58	0 25	15 52	1 10	4 10	1 38	22 48
31	0S49	19S00	0S25	15N51	1S10	4S11	1S38	22S48

Mutual Aspects

1 ☉☌☿. ☿☍♄.
2 ☉☍♄.
3 ♀△♅. ☿#♄.
4 ☿□♅. ♀±♄.
5 ☿⊻♀. ☿±♆.
6 ☉□♅. ☉∥☿.
7 ☿∥♅.
8 ☿⚻♆. ☉∥♅.
9 ☉±♆. ☿⚻♇. ♀#♆.
10 ♀☍♆.
11 ☿☍♃. ♀⚼♄. ♀△♇. ☿#♃.
12 ☿±♇. 13 ♂⚻♄.
14 ☉⊥♀. ♀⚻♃. ♂⚼♇.
15 ☉⚻♆.
16 ☿⚻♄. ♀⚼♅.
17 ☉⚻♇. ☿⚼♇. ☉#♃.
19 ☿☌♂. ♀±♃. ☿∥♂.
20 ☉☍♃. ☿±♄. ☿△♅. ♅Stat.
22 ♂±♄. ♂△♅.
23 ☉±♇. ♀△♄. ♀±♅. ☿#♆.
24 ☿#♀.
25 ☿⚼♄. ☿☍♆. ♀⚼♃. ♀∥♆.
26 ☿△♇. 27 ☿⚻♃.
28 ♀⚻♅. ♀#♂.
30 ☿⚼♅.
31 ☉⚻♄. ☿±♃.

NEW MOON–Sep. 7,00h.52m. (14°♍38′)

SEPTEMBER 2021 [RAPHAEL'S

D M	D W	Sidereal Time	☉ Long.	☉ Dec.	☽ Long.	☽ Lat.	☽ Dec.	Node	☽ Long.	☽ Dec.
		h m s	° ′ ″	° ′	° ′ ″	° ′	° ′	° ′	° ′ ″	° ′
1	W	10 43 30	9♍16 09	8 N06	3♋17 31	2 N18	25 N42	5 ♊ 58	9 ♋ 20 47	25 N52
2	Th	10 47 26	10 14 14	7 44	15 27 44	3 12	25 43	5 55	21 38 53	25 15
3	F	10 51 23	11 12 21	7 22	27 54 38	3 58	24 28	5 52	4 ♌ 15 20	23 21
4	S	10 55 19	12 10 30	7 00	10 ♌ 41 13	4 33	21 55	5 49	17 12 24	20 12
5	Su	10 59 16	13 08 41	6 37	23 48 53	4 55	18 13	5 45	0 ♍ 30 33	15 57
6	M	11 03 13	14 06 54	6 15	7♍17 10	5 01	13 29	5 42	14 08 24	10 49
7	T	11 07 09	15 05 09	5 53	21 03 47	4 50	7 59	5 39	28 02 47	5 N01
8	W	11 11 06	16 03 25	5 30	5♎04 51	4 21	1 N59	5 36	12 ♎ 09 21	1 S 07
9	Th	11 15 02	17 01 42	5 07	19 15 40	3 36	4 S12	5 33	26 23 11	7 15
10	F	11 18 59	18 00 02	4 45	3 ♏ 31 22	2 37	10 13	5 30	10 ♏ 39 41	13 03
11	S	11 22 55	18 58 23	4 22	17 47 45	1 29	15 43	5 26	24 55 10	18 09
12	Su	11 26 52	19 56 46	3 59	2 ♐ 01 41	0 N14	20 20	5 23	9 ♐ 07 05	22 12
13	M	11 30 48	20 55 10	3 36	16 11 11	1 S 00	23 43	5 20	23 13 54	24 52
14	T	11 34 45	21 53 36	3 13	0 ♑ 15 08	2 11	25 37	5 17	7 ♑ 14 48	25 58
15	W	11 38 42	22 52 03	2 50	14 12 49	3 13	25 53	5 14	21 09 06	25 24
16	Th	11 42 38	23 50 32	2 27	28 03 30	4 04	24 31	5 10	4 ♒ 55 54	23 17
17	F	11 46 35	24 49 03	2 04	11♒46 06	4 39	21 43	5 07	18 33 53	19 52
18	S	11 50 31	25 47 35	1 40	25 19 01	4 59	17 46	5 04	2 ♓ 01 16	15 27
19	Su	11 54 28	26 46 09	1 17	8 ♓ 40 23	5 02	12 58	5 01	15 16 08	10 22
20	M	11 58 24	27 44 45	0 54	21 48 17	4 48	7 40	4 58	28 16 41	4 S 54
21	T	12 02 21	28 43 22	0 30	4 ♈ 41 14	4 20	2 S 07	4 55	11 ♈ 01 51	0 N39
22	W	12 06 17	29♍42 02	0 N07	17 18 33	3 40	3 N24	4 51	23 31 25	6 06
23	Th	12 10 14	0 ♎40 43	0 S16	29 40 37	2 50	8 42	4 48	5 ♉ 46 22	11 13
24	F	12 14 11	1 39 27	0 40	11 ♉ 48 59	1 53	13 35	4 45	17 48 51	15 49
25	S	12 18 07	2 38 13	1 03	23 46 22	0 S51	17 53	4 42	29 42 04	19 46
26	Su	12 22 04	3 37 01	1 26	5 ♊ 36 28	0 N12	21 26	4 39	11 ♊ 30 09	22 52
27	M	12 26 00	4 35 52	1 50	17 23 45	1 14	24 04	4 36	23 17 56	25 01
28	T	12 29 57	5 34 44	2 13	29 13 20	2 14	25 40	4 32	5 ♋ 10 38	26 02
29	W	12 33 53	6 33 39	2 36	11♋10 32	3 08	26 06	4 29	17 13 40	25 51
30	Th	12 37 50	7 ♎32 36	3 S00	23♋20 42	3 N55	25 N17	4 ♊ 26	29 ♋ 32 13	24 N24

D M	Mercury			Venus			Mars			Jupiter	
	Lat.	Dec.		Lat.	Dec.		Lat.	Dec.		Lat.	Dec.
	° ′	° ′	° ′	° ′	° ′	° ′	° ′	° ′	° ′	° ′	° ′
1	0 S49	2 S01	2 S 41	0 S 12	7 S41	8 S11	0 N 54	4 N17	4 N 01	1 S 12	14 S06
3	1 06	3 21	4 00	0 20	8 41	9 11	0 54	3 46	3 30	1 12	14 11
5	1 24	4 38	5 16	0 28	9 40	10 09	0 53	3 14	2 59	1 12	14 16
7	1 41	5 53	6 29	0 36	10 38	11 07	0 52	2 43	2 27	1 12	14 21
9	1 58	7 04	7 38	0 44	11 36	12 04	0 51	2 12	1 56	1 12	14 26
11	2 15	8 11	8 43	0 52	12 32	13 00	0 50	1 40	1 25	1 12	14 30
13	2 32	9 14	9 43	1 00	13 28	13 55	0 50	1 09	0 53	1 12	14 34
15	2 47	10 12	10 38	1 08	14 22	14 49	0 49	0 37	0 N 21	1 12	14 38
17	3 02	11 04	11 27	1 16	15 15	15 41	0 48	0 N06	0 S 10	1 12	14 42
19	3 15	11 49	12 09	1 25	16 07	16 33	0 47	0 S 26	0 42	1 12	14 45
21	3 27	12 27	12 43	1 33	16 58	17 22	0 46	0 58	1 14	1 12	14 49
23	3 36	12 56	13 07	1 41	17 47	18 11	0 46	1 29	1 45	1 11	14 52
25	3 43	13 15	13 20	1 49	18 34	18 57	0 45	2 01	2 17	1 11	14 55
27	3 46	13 21	13 19	1 58	19 20	19 42	0 44	2 33	2 49	1 11	14 57
29	3 44	13 13	13 S 03	2 06	20 04	20 S 26	0 43	3 04	3 S 20	1 11	15 00
31	3 S37	12 S 48		2 S 14	20 S47		0 N 42	3 S 36		1 S 11	15 S 02

FIRST QUARTER–Sep.13,20h.39m. (21°♐16′)

FULL MOON–Sep.20,23h.55m. (28°♓14′)

D M	☿ Long.	♀ Long.	♂ Long.	♃ Long.	♄ Long.	♅ Long.	♆ Long.	♇ Long.
	° ′	° ′	° ′	° ′	° ′	° ′	° ′	° ′
1	3♎11	19♎09	21♍19	25♒37	8♒06	14♉44	22♓08	24♑36
2	4 33	20 19	21 57	25R 30	8R 03	14R 43	22R 07	24R 35
3	5 53	21 29	22 36	25 23	7 59	14 42	22 05	24 34
4	7 11	22 38	23 14	25 15	7 56	14 42	22 03	24 33
5	8 28	23 48	23 53	25 08	7 53	14 41	22 02	24 32
6	9 43	24 58	24 31	25 01	7 50	14 40	22 00	24 32
7	10 56	26 07	25 10	24 54	7 47	14 39	21 59	24 31
8	12 07	27 17	25 48	24 47	7 44	14 38	21 57	24 30
9	13 17	28 26	26 27	24 41	7 41	14 37	21 55	24 29
10	14 24	29♎35	27 05	24 34	7 38	14 36	21 54	24 29
11	15 30	0♏44	27 44	24 27	7 35	14 35	21 52	24 28
12	16 33	1 53	28 23	24 21	7 32	14 34	21 50	24 27
13	17 34	3 02	29 02	24 15	7 30	14 33	21 49	24 26
14	18 32	4 11	29♍40	24 09	7 27	14 32	21 47	24 26
15	19 27	5 20	0♎19	24 03	7 25	14 31	21 45	24 25
16	20 20	6 28	0 58	23 57	7 22	14 29	21 44	24 25
17	21 09	7 37	1 37	23 51	7 20	14 28	21 42	24 24
18	21 55	8 45	2 15	23 45	7 18	14 27	21 40	24 24
19	22 38	9 54	2 54	23 40	7 16	14 25	21 39	24 23
20	23 16	11 02	3 33	23 35	7 14	14 24	21 37	24 23
21	23 51	12 10	4 12	23 30	7 12	14 22	21 35	24 22
22	24 20	13 18	4 51	23 25	7 10	14 21	21 34	24 22
23	24 45	14 26	5 30	23 20	7 08	14 19	21 32	24 21
24	25 05	15 34	6 09	23 15	7 06	14 18	21 31	24 21
25	25 19	16 41	6 48	23 11	7 05	14 16	21 29	24 21
26	25 27	17 49	7 27	23 06	7 03	14 14	21 27	24 20
27	25R 28	18 56	8 06	23 02	7 02	14 13	21 26	24 20
28	25 23	20 03	8 46	22 58	7 01	14 11	21 24	24 20
29	25 10	21 10	9 25	22 55	6 59	14 09	21 22	24 20
30	24♎50	22♏17	10♎04	22♒51	6♒58	14♉07	21♓21	24♑19

Lunar Aspects

D	☉	☿	♀	♂	♃	♄	♅	♆	♇
1		□					∠		
2	⚹		□		⚼		⚹		
3	∠			⚹				△	☍
4	⚺	⚹		∠		☍	□	⚼	
5		∠	⚹	⚺	☍				
6		⚺	∠						⚼
7	☌		⚺	☌		⚼	△	☍	△
8					⚼	△	⚼		
9	⚺	☌			△				□
10	∠		☌	⚺		□		⚼	
11	⚹	⚺		∠	□		☍	△	⚹
12		∠	⚺	⚹		⚹			
13	□	⚹	∠			∠		□	∠
14			⚹	□	⚹		⚼		⚺
15		□			∠	⚺	△		
16	△			△	⚺			⚹	☌
17	⚼		□	⚼		☌	□	∠	
18		△			☌			⚺	⚺
19		⚼	△			⚺	⚹		∠
20	☍		⚼		⚺	∠		☌	⚹
21				☍	∠	⚹	∠		
22					⚹		⚺	⚺	
23		☍							□
24	⚼		☍			□	☌	∠	
25				⚼	□			⚹	△
26	△	⚼		△		△			⚼
27					△	⚼	⚺	□	
28		△					∠		
29	□		⚼	□	⚼		⚹		
30		□	△					△	☍

D M	Saturn Lat.	Saturn Dec.	Uranus Lat.	Uranus Dec.	Neptune Lat.	Neptune Dec.	Pluto Lat.	Pluto Dec.
	° ′	° ′	° ′	° ′	° ′	° ′	° ′	° ′
1	0S49	19S01	0S25	15N51	1S10	4S12	1S38	22S48
3	0 49	19 03	0 25	15 51	1 10	4 13	1 38	22 49
5	0 49	19 05	0 25	15 50	1 10	4 14	1 38	22 49
7	0 49	19 07	0 25	15 50	1 10	4 15	1 38	22 50
9	0 49	19 08	0 25	15 49	1 10	4 17	1 38	22 50
11	0 49	19 10	0 25	15 49	1 10	4 18	1 38	22 50
13	0 49	19 11	0 25	15 48	1 10	4 19	1 38	22 51
15	0 49	19 12	0 25	15 47	1 10	4 21	1 38	22 51
17	0 49	19 14	0 25	15 46	1 10	4 22	1 39	22 51
19	0 49	19 15	0 25	15 46	1 10	4 23	1 39	22 51
21	0 49	19 16	0 25	15 45	1 10	4 25	1 39	22 52
23	0 49	19 17	0 25	15 44	1 10	4 26	1 39	22 52
25	0 49	19 18	0 25	15 43	1 10	4 27	1 39	22 52
27	0 49	19 18	0 25	15 42	1 10	4 29	1 39	22 52
29	0 49	19 19	0 25	15 41	1 10	4 30	1 39	22 53
31	0S49	19S19	0S25	15N40	1S10	4S31	1S39	22S53

Mutual Aspects

1 ☉⚼♇. ☉∥♀. ♂∥♆.
2 ♂☍♆. 3 ☿∥♂.
4 ♀⊼♆. ♂⚼♄. ☿∥♆.
5 ☿△♄. ☿±♅. ♀⚺♂.
6 ☉±♄. ☿⚼♃. ♀△♃. ♀□♇. ♂△♇.
7 ☉△♅. ♂⊼♃. ☉∥☿.
9 ♀±♆. 10 ☿⊼♅.
11 ♃⚺♇. ☉∥♆.
14 ☉☍♆. ♂⚼♅.
15 ☉⚼♄. ♂±♃.
16 ☉⊼♃. ♀⚼♆. ♀∥♃.
17 ☉△♇. ♀⊥♂. ♀□♄.
18 ☿⊼♆. ♀∥♅.
20 ☿△♃. ☉∥♂.
21 ♀Q♇.
22 ☉±♃. ☉⚼♅. ☿□♇.
23 ♀☍♅. 25 ♂△♄.
27 ♂⚼♃. ♂±♅. ♀∥♄. ☿Stat.
29 ☉△♄. ♀△♆.
30 ☉⚼♃. ♀□♃.

LAST QUARTER–Sep.29,01h.57m. (6°♋09′)

NEW MOON–Oct. 6,11h.05m. (13°≏25')

D M	D W	Sidereal Time (h m s)	☉ Long.	☉ Dec.	☽ Long.	☽ Lat.	☽ Dec.	Node	24h. ☽ Long.	☽ Dec.
1	F	12 41 46	8≏31 36	3 S 23	5♋48 45	4 N32	23 N13	4 ♓ 23	12 ♌ 10 48	21 N43
2	S	12 45 43	9 30 38	3 46	18 38 44	4 57	19 56	4 20	25 12 49	17 53
3	Su	12 49 40	10 29 42	4 09	1♍53 12	5 07	15 34	4 16	8♍39 54	13 02
4	M	12 53 36	11 28 48	4 32	15 32 46	5 00	10 18	4 13	22 31 31	7 24
5	T	12 57 33	12 27 56	4 56	29 35 41	4 34	4 N21	4 10	6≏44 42	1 N14
6	W	13 01 29	13 27 06	5 19	13≏57 51	3 52	1 S 57	4 07	21 14 19	5 S 08
7	Th	13 05 26	14 26 19	5 42	28 33 13	2 53	8 16	4 04	5♏53 40	11 18
8	F	13 09 22	15 25 33	6 04	13♏14 46	1 42	14 11	4 01	20 35 40	16 52
9	S	13 13 19	16 24 50	6 27	27 55 34	0 N25	19 17	3 57	5♐13 47	21 25
10	Su	13 17 15	17 24 08	6 50	12♐29 43	0 S 54	23 11	3 54	19 42 54	24 34
11	M	13 21 12	18 23 28	7 13	26 52 58	2 08	25 32	3 51	3♑59 38	26 05
12	T	13 25 09	19 22 50	7 35	11♑02 44	3 13	26 11	3 48	18 02 10	25 53
13	W	13 29 05	20 22 13	7 58	24 57 54	4 06	25 10	3 45	1≈49 56	24 05
14	Th	13 33 02	21 21 38	8 20	8≈38 19	4 44	22 40	3 41	15 23 06	20 56
15	F	13 36 58	22 21 05	8 42	22 04 21	5 05	18 57	3 38	28 42 08	16 45
16	S	13 40 55	23 20 34	9 04	5♓16 32	5 10	14 23	3 35	11♓47 35	11 51
17	Su	13 44 51	24 20 04	9 26	18 15 21	4 59	9 13	3 32	24 39 53	6 31
18	M	13 48 48	25 19 36	9 48	1♈01 14	4 32	3 S 46	3 29	7♈19 27	0 S 59
19	T	13 52 44	26 19 11	10 09	13 34 34	3 53	1 N46	3 26	19 46 42	4 N30
20	W	13 56 41	27 18 47	10 31	25 55 56	3 04	7 10	3 22	2♉02 23	9 44
21	Th	14 00 38	28 18 25	10 52	8♉06 12	2 07	12 13	3 19	14 07 37	14 33
22	F	14 04 34	29≏18 05	11 14	20 06 49	1 S 04	16 44	3 16	26 04 07	18 45
23	S	14 08 31	0♏17 47	11 35	1♊59 49	0 N01	20 34	3 13	7♊54 17	22 10
24	Su	14 12 27	1 17 32	11 55	13 47 55	1 05	23 32	3 10	19 41 11	24 38
25	M	14 16 24	2 17 18	12 16	25 34 32	2 06	25 28	3 07	1♋28 32	26 01
26	T	14 20 20	3 17 07	12 37	7♋23 43	3 03	26 16	3 03	13 20 39	26 14
27	W	14 24 17	4 16 58	12 57	19 19 58	3 52	25 52	3 00	25 22 15	25 12
28	Th	14 28 13	5 16 51	13 17	1♌28 09	4 32	24 15	2 57	7♌38 15	22 59
29	F	14 32 10	6 16 46	13 37	13 53 09	5 00	21 26	2 54	20 13 24	19 37
30	S	14 36 07	7 16 44	13 56	26 39 30	5 14	17 32	2 51	3♍11 52	15 13
31	Su	14 40 03	8♏16 44	14 S 16	9♍50 50	5 N12	12 N41	2 ♓ 47	16♍36 37	9 N58

D M	Mercury Lat.	Mercury Dec.		Venus Lat.	Venus Dec.		Mars Lat.	Mars Dec.		Jupiter Lat.	Jupiter Dec.
1	3 S 37	12 S 48	12 S 29	2 S 14	20 S 47	21 S 07	0 N 42	3 S 36	3 S 52	1 S 11	15 S 02
3	3 23	12 06	11 38	2 21	21 27	21 47	0 41	4 07	4 23	1 11	15 04
5	3 01	11 06	10 30	2 29	22 06	22 24	0 40	4 39	4 55	1 10	15 05
7	2 32	9 51	9 09	2 37	22 42	23 00	0 39	5 10	5 26	1 10	15 07
9	1 57	8 24	7 39	2 44	23 17	23 33	0 38	5 42	5 57	1 10	15 08
11	1 18	6 55	6 11	2 51	23 49	24 04	0 38	6 13	6 28	1 10	15 08
13	0 S 36	5 30	4 52	2 58	24 19	24 33	0 37	6 44	6 59	1 09	15 09
15	0 N03	4 19	3 51	3 04	24 47	25 00	0 36	7 15	7 30	1 09	15 09
17	0 39	3 28	3 10	3 10	25 12	25 24	0 35	7 45	8 01	1 09	15 09
19	1 09	2 59	2 53	3 16	25 36	25 46	0 34	8 16	8 31	1 09	15 09
21	1 32	2 53	2 58	3 22	25 56	26 06	0 33	8 46	9 01	1 08	15 08
23	1 49	3 08	3 22	3 27	26 15	26 23	0 32	9 16	9 32	1 08	15 08
25	2 00	3 40	4 02	3 31	26 30	26 37	0 31	9 46	10 01	1 08	15 06
27	2 06	4 27	4 55	3 36	26 44	26 50	0 30	10 16	10 31	1 08	15 05
29	2 08	5 25	5 S 57	3 39	26 55	26 S 59	0 29	10 46	11 S 00	1 07	15 04
31	2 N05	6 S 30		3 S 42	27 S 03		0 N 28	11 S 15		1 S 07	15 S 02

FIRST QUARTER–Oct.13,03h.25m. (20°♑01')

FULL MOON–Oct.20,14h.57m. (27°♈26′)

D M	☿ Long.	♀ Long.	♂ Long.	♃ Long.	♄ Long.	♅ Long.	♆ Long.	♇ Long.	☉	☿	♀	♂	♃	♄	♅	♆	♇
	° ′	° ′	° ′	° ′	° ′	° ′	° ′	° ′									
1	24♎22	23♏24	10♎43	22♒48	6♒57	14♉05	21♓19	24♑19	✱			✱		☍		⚼	
2	23R 47	24 31	11 23	22R 44	6R 56	14R 04	21R 18	24R 19	∠	✱	□		☍		□		
3	23 04	25 37	12 02	22 41	6 56	14 02	21 16	24 19		∠		∠					
4	22 14	26 44	12 41	22 39	6 55	14 00	21 15	24 19	⚺	⚺		⚺		⚼	△	☍	⚼
5	21 18	27 50	13 21	22 36	6 54	13 58	21 13	24 19			✱				⚼		△
6	20 16	28♏56	14 00	22 34	6 54	13 56	21 12	24 19	☌	☌	∠	☌	⚼	△			
7	19 09	0♐02	14 39	22 31	6 53	13 54	21 10	24D 19			⚺		△				□
8	17 59	1 07	15 19	22 29	6 53	13 52	21 09	24 19	⚺	⚺		⚺		□	☍	⚼	
9	16 48	2 13	15 58	22 27	6 53	13 49	21 07	24 19	∠	∠	☌	∠	□			△	✱
10	15 38	3 18	16 38	22 26	6 53	13 47	21 06	24 19	✱	✱		✱		✱			∠
11	14 30	4 23	17 18	22 24	6D 53	13 45	21 04	24 19					✱	∠	⚼	□	⚺
12	13 27	5 28	17 57	22 23	6 53	13 43	21 03	24 19		□	⚺		∠	⚺	△		
13	12 30	6 33	18 37	22 22	6 53	13 41	21 02	24 20	□		∠	□	⚺			✱	☌
14	11 42	7 38	19 17	22 21	6 53	13 39	21 00	24 20		△	✱			☌	□	∠	
15	11 02	8 42	19 56	22 21	6 54	13 36	20 59	24 20	△	⚼		△	☌			⚺	⚺
16	10 33	9 46	20 36	22 20	6 54	13 34	20 57	24 20	⚼		□	⚼		⚺			∠
17	10 15	10 50	21 16	22 20	6 55	13 32	20 56	24 21					⚺	∠	✱	☌	✱
18	10 08	11 53	21 56	22D 20	6 55	13 29	20 55	24 21						✱	∠		
19	10D 12	12 56	22 35	22 20	6 56	13 27	20 54	24 21		☍	△		∠		⚺		
20	10 26	13 59	23 15	22 20	6 57	13 25	20 52	24 22	☍		⚼	☍	✱			⚺	□
21	10 52	15 02	23 55	22 21	6 58	13 22	20 51	24 22						□	☌	∠	
22	11 26	16 05	24 35	22 22	6 59	13 20	20 50	24 23					□			✱	△
23	12 10	17 07	25 15	22 23	7 00	13 18	20 49	24 23		⚼				△			
24	13 01	18 09	25 55	22 24	7 02	13 15	20 47	24 24	⚼	△	☍	⚼			⚺		⚼
25	14 00	19 10	26 35	22 25	7 03	13 13	20 46	24 24				△	△	⚼	∠	□	
26	15 05	20 11	27 15	22 27	7 05	13 10	20 45	24 25	△				⚼		✱		
27	16 16	21 12	27 55	22 28	7 06	13 08	20 44	24 25		□						△	☍
28	17 31	22 13	28 36	22 30	7 08	13 06	20 43	24 26	□			□		☍		⚼	
29	18 50	23 13	29 16	22 33	7 10	13 03	20 42	24 27		✱	⚼				□		
30	20 13	24 13	29♎56	22 35	7 12	13 01	20 41	24 27			△	✱	☍				
31	21♎39	25♐12	0♏36	22♒37	7♒14	12♉58	20♓40	24♑28	✱	∠		∠			△		⚼

D M	Saturn Lat.	Saturn Dec.	Uranus Lat.	Uranus Dec.	Neptune Lat.	Neptune Dec.	Pluto Lat.	Pluto Dec.
	° ′	° ′	° ′	° ′	° ′	° ′	° ′	° ′
1	0S49	19S19	0S25	15N40	1S10	4S31	1S39	22S53
3	0 49	19 20	0 25	15 39	1 10	4 32	1 39	22 53
5	0 49	19 20	0 25	15 37	1 10	4 33	1 39	22 53
7	0 49	19 21	0 25	15 36	1 10	4 35	1 39	22 53
9	0 49	19 21	0 25	15 35	1 10	4 36	1 40	22 53
11	0 49	19 21	0 25	15 34	1 10	4 37	1 40	22 53
13	0 49	19 21	0 25	15 32	1 10	4 38	1 40	22 53
15	0 49	19 20	0 25	15 31	1 10	4 39	1 40	22 53
17	0 49	19 20	0 25	15 30	1 10	4 40	1 40	22 53
19	0 49	19 20	0 25	15 28	1 10	4 41	1 40	22 53
21	0 49	19 19	0 25	15 27	1 10	4 42	1 40	22 53
23	0 49	19 19	0 25	15 25	1 10	4 43	1 40	22 53
25	0 49	19 18	0 25	15 24	1 10	4 44	1 40	22 53
27	0 49	19 17	0 25	15 23	1 10	4 45	1 40	22 53
29	0 49	19 16	0 25	15 21	1 10	4 45	1 40	22 52
31	0S49	19S15	0S25	15N20	1S10	4S46	1S40	22S52

Mutual Aspects

1 ☉±♅. ☿□♇.
2 ☉∠♀. ☿⚺♀. ♀Q♄. ♀✱♇.
3 ☉∥♂.
4 ☿△♃. ☉∥♆.
5 ☿⊥♀. ☿⊼♆. ♂∥♆.
6 ☉⊼♅. ♀∠♂. ♂⊼♅. ♇Stat.
8 ☉☌♂. ♀∥♇.
9 ☉☌☿. ☿∠♀. ☿☌♂.
11 ☉∥☿. ♄Stat.
12 ☿⊼♅. ☿∥♂.
13 ♀✱♄.
14 ☉⊼♆. ☿∥♆.
15 ☉△♃.
16 ♀∠♇.
17 ☉□♇. ☿✱♀. ♀Q♃. ♂⊼♆.
18 ☿Stat. ♃Stat.
19 ♀⊼♅. ♂△♃.
20 ☉±♆.
22 ♂□♇.
24 ☿⊼♅. ♀⊥♇.
25 ♀±♅. ♂±♆.
27 ♀□♆.
28 ☉⚼♆. ♀✱♃. ♀∠♄. ☿∥♆.
30 ☉□♄. ☿⊼♆. ♀⚺♇.

LAST QUARTER–Oct.28,20h.05m. (5°♌37′)

NEW MOON–Nov. 4,21h.15m. (12°♏40′)

D M	D W	Sidereal Time	☉ Long.	☉ Dec.	☽ Long.	☽ Lat.	☽ Dec.	☽ Node	24h. ☽ Long.	☽ Dec.
		h m s	° ′ ″	° ′	° ′ ″	° ′	° ′	° ′	° ′	° ′
1	M	14 44 00	9♏16 45	14 S 35	23♍29 17	4 N53	7 N04	2 Ⅱ 44	0♎28 47	4 N03
2	T	14 47 56	10 16 49	14 54	7♎34 51	4 16	0 N55	2 41	14 47 06	2 S 16
3	W	14 51 53	11 16 55	15 13	22 04 55	3 22	5 S 29	2 38	29 27 35	8 39
4	Th	14 55 49	12 17 03	15 31	6♏54 10	2 13	11 43	2 35	14♏23 41	14 39
5	F	14 59 46	13 17 12	15 50	21 55 03	0 N54	17 22	2 32	29 27 07	19 50
6	S	15 03 42	14 17 24	16 08	6♐58 47	0 S 29	21 57	2 28	14♐28 59	23 42
7	Su	15 07 39	15 17 37	16 25	21 56 42	1 50	25 01	2 25	29 21 06	25 53
8	M	15 11 35	16 17 52	16 43	6♑41 25	3 02	26 18	2 22	13♑57 05	26 14
9	T	15 15 32	17 18 09	17 00	21 07 38	4 01	25 45	2 19	28 12 47	24 50
10	W	15 19 29	18 18 26	17 17	5≈12 22	4 44	23 33	2 16	12≈06 21	21 56
11	Th	15 23 25	19 18 46	17 33	18 54 46	5 09	20 03	2 13	25 37 47	17 55
12	F	15 27 22	20 19 06	17 50	2✕15 36	5 17	15 36	2 09	8✕48 29	13 07
13	S	15 31 18	21 19 28	18 05	15 16 42	5 08	10 32	2 06	21 40 35	7 52
14	Su	15 35 15	22 19 51	18 21	28 00 27	4 45	5 S 09	2 03	4♈16 37	2 S 24
15	M	15 39 11	23 20 16	18 36	10♈29 24	4 08	0 N21	2 00	39 08	3 N05
16	T	15 43 08	24 20 42	18 51	22 46 04	3 20	5 46	1 57	28 50 31	8 22
17	W	15 47 04	25 21 09	19 06	4♉52 45	2 24	10 53	1 53	10♉53 02	13 18
18	Th	15 51 01	26 21 38	19 20	16 51 36	1 22	15 34	1 50	22 48 43	17 41
19	F	15 54 58	27 22 09	19 34	28 44 37	0 S 16	19 37	1 47	4 Ⅱ 39 34	21 20
20	S	15 58 54	28 22 41	19 48	10 Ⅱ 33 50	0 N49	22 50	1 44	16 27 40	24 06
21	Su	16 02 51	29♏23 15	20 01	22 21 23	1 52	25 05	1 41	28 15 17	25 48
22	M	16 06 47	0♐23 50	20 14	4♋09 42	2 51	26 13	1 38	10♋04 59	26 20
23	T	16 10 44	1 24 27	20 26	16 01 32	3 42	26 09	1 34	21 59 46	25 40
24	W	16 14 40	2 25 05	20 39	28 00 00	4 25	24 53	1 31	4♌03 02	23 48
25	Th	16 18 37	3 25 45	20 50	10♌09 00	4 56	22 27	1 28	16 18 32	20 49
26	F	16 22 33	4 26 27	21 02	22 32 08	5 14	18 56	1 25	28 50 17	16 50
27	S	16 26 30	5 27 10	21 13	5♍13 31	5 17	14 31	1 22	11♍42 15	12 00
28	Su	16 30 27	6 27 55	21 23	18 16 56	5 05	9 18	1 19	24 57 55	6 28
29	M	16 34 23	7 28 41	21 33	1♎45 28	4 35	3 N31	1 15	8♎39 46	0 N28
30	T	16 38 20	8♐29 29	21 S 43	15♎40 51	3 N49	2 S 39	1 Ⅱ 12	22♎48 37	5 S 46

D M	Mercury				Venus				Mars				Jupiter	
	Lat.	Dec.			Lat.	Dec.			Lat.	Dec.			Lat.	Dec.
	° ′	° ′	° ′		° ′	° ′	° ′		° ′	° ′	° ′		° ′	° ′
1	2 N03	7 S 05	7 S 41		3 S 44	27 S 07	27 S 09		0 N27	11 S 29	11 S 44		1 S 07	15 S 01
3	1 57	8 17	8 55		3 46	27 12	27 13		0 26	11 58	12 12		1 07	14 58
5	1 48	9 32	10 10		3 48	27 14	27 15		0 25	12 27	12 41		1 06	14 56
7	1 38	10 48	11 26		3 49	27 14	27 14		0 24	12 55	13 09		1 06	14 53
9	1 27	12 03	12 41		3 49	27 12	27 10		0 23	13 23	13 36		1 06	14 50
11	1 15	13 18	13 54		3 49	27 08	27 05		0 22	13 50	14 04		1 05	14 47
13	1 02	14 30	15 06		3 48	27 01	26 57		0 21	14 17	14 31		1 05	14 43
15	0 49	15 40	16 15		3 46	26 53	26 48		0 20	14 44	14 57		1 05	14 40
17	0 35	16 48	17 21		3 43	26 42	26 36		0 19	15 10	15 23		1 05	14 36
19	0 21	17 52	18 23		3 39	26 30	26 23		0 18	15 36	15 49		1 04	14 31
21	0 N08	18 54	19 23		3 35	26 16	26 08		0 17	16 01	16 14		1 04	14 27
23	0 S 06	19 51	20 18		3 29	26 00	25 51		0 16	16 26	16 39		1 04	14 22
25	0 19	20 45	21 10		3 22	25 42	25 33		0 16	16 51	17 03		1 04	14 17
27	0 32	21 34	21 57		3 14	25 23	25 13		0 13	17 15	17 26		1 03	14 12
29	0 45	22 19	22 S 40		3 05	25 03	24 S 53		0 12	17 38	17 S 50		1 03	14 07
31	0 S 57	23 S 00			2 S 54	24 S 42			0 N 11	18 S 01			1 S 03	14 S 01

FIRST QUARTER–Nov.11,12h.46m. (19°≈21′)

EPHEMERIS] NOVEMBER 2021 23

D M	☿ Long.	♀ Long.	♂ Long.	♃ Long.	♄ Long.	♅ Long.	♆ Long.	♇ Long.	☉	☿	♀	♂	♃	♄	♅	♆	♇
1	23♎08	26✗11	1♏17	22♒40	7♒16	12♉56	20♓39	24✓♑29	∠	⊻	□			⊡	⊡	⚹	△
2	24 38	27 10	1 57	22 43	7 18	12R53	20R38	24 29	⊻				⊻	⊡	△		
3	26 10	28 08	2 37	22 46	7 20	12 51	20 37	24 30		♂	⚹		♂		△		□
4	27 44	29✗06	3 18	22 50	7 23	12 48	20 36	24 31	♂			♂		□	⚹	⊡	
5	29♎18	0♑03	3 58	22 53	7 25	12 46	20 35	24 32			∠		□		△	⚹	
6	0♏53	1 00	4 39	22 57	7 28	12 43	20 35	24 33	⊻	⊻	⊻		⚹			∠	∠
7	2 29	1 56	5 19	23 01	7 30	12 41	20 34	24 34	⊻	⚹	∠	⚹	∠	⊡	□		⊻
8	4 06	2 52	6 00	23 05	7 33	12 38	20 33	24 35	⚹	⚹	♂	⚹	∠	⊻	△		
9	5 42	3 47	6 41	23 09	7 36	12 36	20 32	24 36	⚹				⊻			⚹	♂
10	7 19	4 42	7 21	23 13	7 39	12 33	20 32	24 37	□	⊻	□		♂			∠	
11	8 56	5 36	8 02	23 18	7 42	12 31	20 31	24 38	□		∠		♂		□	⊻	⊻
12	10 33	6 29	8 43	23 23	7 45	12 29	20 30	24 39			⚹			⊻		⚹	∠
13	12 10	7 22	9 23	23 28	7 48	12 26	20 30	24 40	△	△		△			⚹	♂	⚹
14	13 47	8 14	10 04	23 33	7 51	12 24	20 29	24 41	⊡	⊡		⊡	⊻	∠	∠		
15	15 23	9 06	10 45	23 39	7 55	12 21	20 29	24 42	⊡		□		∠	⚹	⊻		
16	17 00	9 56	11 26	23 44	7 58	12 19	20 28	24 43					⚹			⊻	□
17	18 36	10 46	12 07	23 50	8 02	12 16	20 27	24 44						□		∠	
18	20 12	11 36	12 48	23 56	8 06	12 14	20 27	24 45	♂	♂	♂	△	♂		♂	⚹	
19	21 48	12 24	13 29	24 02	8 09	12 12	20 27	24 47			⊡	♂		□			△
20	23 24	13 11	14 10	24 08	8 13	12 09	20 26	24 48							△	⊻	⊡
21	25 00	13 58	14 51	24 14	8 17	12 07	20 26	24 49						△	⊡	∠	□
22	26 35	14 44	15 32	24 21	8 21	12 05	20 26	24 50	⊡	⊡	♂	⊡	⊡	⊡			
23	28 11	15 28	16 13	24 28	8 25	12 02	20 25	24 52	△	△		△			⚹	△	
24	29♏46	16 12	16 54	24 34	8 29	12 00	20 25	24 53					♂			⊡	♂
25	1✗21	16 55	17 35	24 41	8 33	11 58	20 25	24 54						♂	□	⊡	
26	2 55	17 36	18 16	24 49	8 38	11 56	20 25	24 56				⊡	♂				⊡
27	4 30	18 17	18 58	24 56	8 42	11 53	20 24	24 57	□	□	⊡		□				
28	6 05	18 56	19 39	25 04	8 47	11 51	20 24	24 59			△	⚹	∠		⊡	△	♂
29	7 39	19 34	20 20	25 11	8 51	11 49	20 24	25 00	⚹	⚹		∠			⊡	♂	△
30	9✗13	20♑11	21♏02	25♒19	8♒56	11♉47	20♓24	25♑01			□	⊻	⊡	△			

D M	Saturn		Uranus		Neptune		Pluto		Mutual Aspects
	Lat.	Dec.	Lat.	Dec.	Lat.	Dec.	Lat.	Dec.	
1	0S49	19S15	0S25	15N19	1S10	4S47	1S40	22S52	1 ☿△♃.
3	0 49	19 14	0 25	15 17	1 10	4 47	1 41	22 52	2 ☿□⊡. ☉∥♃.
5	0 49	19 12	0 25	15 16	1 10	4 48	1 41	22 52	3 ☿±♆. ♀⊡♅. ☉⚼♅.
7	0 49	19 11	0 25	15 14	1 10	4 48	1 41	22 52	4 ☉♂♅. ☉⊡⊡.
9	0 49	19 10	0 25	15 13	1 10	4 49	1 41	22 51	6 ☿⚹♀.
									7 ♀⊥h. ♂⊡♆.
11	0 49	19 08	0 25	15 11	1 10	4 49	1 41	22 51	9 ☿⊡♆.
13	0 49	19 06	0 25	15 10	1 10	4 50	1 41	22 51	10 ☿♂♂. ☿□h. ♂□h.
15	0 49	19 05	0 25	15 09	1 09	4 50	1 41	22 50	12 ☉△♆. ☿∥♂.
17	0 49	19 03	0 25	15 07	1 09	4 51	1 41	22 50	13 ♀♂♅. ♀⊡⊡. ☿∥♃.
19	0 49	19 01	0 25	15 06	1 09	4 51	1 41	22 50	14 ♀∠♃. ♀⊻h. ♀⊡♆. ☿⚼♅.
									15 ☉⊡♃. ♂∥♃.
21	0 49	18 59	0 25	15 04	1 09	4 51	1 41	22 49	16 ☉⚹⊡.
23	0 49	18 57	0 25	15 03	1 09	4 51	1 41	22 49	17 ☉♂♅. ☉∥h. ♂⚼♅.
25	0 49	18 55	0 25	15 02	1 09	4 52	1 41	22 49	18 ☉⊡h. ♀△♆. ♀⊡⊡.
27	0 49	18 52	0 25	15 00	1 09	4 52	1 42	22 48	19 ☉∠♀. ♀△♅.
29	0 49	18 50	0 25	14 59	1 09	4 52	1 42	22 48	20 ☿⊡□.
31	0S49	18S47	0S25	14N58	1S09	4S52	1S42	22S47	21 ☿⚹⊡. ☿∥h.
									22 ☿⊡h. 25 ☉∥☿.
									26 ♀∠♀.
									27 ♃⊻⊡.
									28 ♀⊥♃.
									29 ☉♂♂. ♂△♆.
									30 ☉⚹h. ☿⚹h. ♀⚹♆. ☿∥⊡.

| 24 | | | | | | DECEMBER | | 2021 | | | | | [RAPHAEL'S | |

D	D	Sidereal	☉	☉	☽	☽	☽	☽	☽	24h.	
M	W	Time	Long.	Dec.	Long.	Lat.	Dec.	Node	☽ Long.	☽ Dec.

		h m s	° ′ ″	° ′	° ′ ″	° ′	° ′	° ′	° ′	° ′
1	W	16 42 16	9 ♐ 30 18	21 S 52	0 ♏ 02 48	2 N47	8 S 53	1 ♉ 09	7 ♏ 22 57	11 S 54
2	Th	16 46 13	10 31 09	22 01	14 48 26	1 33	14 48	1 06	22 18 27	17 30
3	F	16 50 09	11 32 01	22 10	29 52 01	0 N10	19 57	1 03	7 ♐ 28 03	22 05
4	S	16 54 06	12 32 54	22 18	15 ♐ 05 19	1 S 13	23 49	0 59	22 42 35	25 08
5	Su	16 58 02	13 33 49	22 26	0 ♑ 18 35	2 32	25 58	0 56	7 ♑ 52 05	26 19
6	M	17 01 59	14 34 44	22 33	15 21 57	3 39	26 11	0 53	22 47 12	25 34
7	T	17 05 56	15 35 41	22 40	0 ≈ 07 01	4 30	24 31	0 50	7 ≈ 20 43	23 05
8	W	17 09 52	16 36 38	22 46	14 27 52	5 03	21 19	0 47	21 28 11	19 16
9	Th	17 13 49	17 37 35	22 52	28 21 34	5 16	16 59	0 44	5 ♓ 08 05	14 31
10	F	17 17 45	18 38 33	22 57	11 ♓ 47 54	5 12	11 56	0 40	18 21 21	9 15
11	S	17 21 42	19 39 32	23 02	24 48 47	4 51	6 31	0 37	1 ♈ 10 41	3 S 45
12	Su	17 25 38	20 40 31	23 07	7 ♈ 27 32	4 17	0 S 59	0 34	13 39 51	1 N46
13	M	17 29 35	21 41 31	23 11	19 48 11	3 31	4 N29	0 31	25 53 03	7 07
14	T	17 33 31	22 42 32	23 14	1 ♉ 54 50	2 37	9 41	0 28	7 ♉ 54 28	12 08
15	W	17 37 28	23 43 33	23 17	13 51 59	1 37	14 27	0 25	19 47 59	16 38
16	Th	17 41 25	24 44 34	23 20	25 42 52	0 S 33	18 39	0 21	1 ♊ 37 02	20 28
17	F	17 45 21	25 45 36	23 22	7 ♊ 30 50	0 N32	22 05	0 18	13 24 34	23 28
18	S	17 49 18	26 46 39	23 24	19 18 33	1 35	24 36	0 15	25 13 02	25 27
19	Su	17 53 14	27 47 43	23 25	1 ♋ 08 17	2 35	26 01	0 12	7 ♋ 04 31	26 17
20	M	17 57 11	28 48 47	23 26	13 01 58	3 28	26 15	0 09	19 00 50	25 54
21	T	18 01 07	29 ♐ 49 51	23 26	25 01 22	4 12	25 15	0 05	1 ♌ 03 46	24 19
22	W	18 05 04	0 ♑ 50 56	23 26	7 ♌ 08 18	4 45	23 05	0 ♊ 02	13 15 11	21 35
23	Th	18 09 00	1 52 02	23 25	19 24 44	5 06	19 50	29 ♉ 59	25 37 12	17 51
24	F	18 12 57	2 53 08	23 24	1 ♍ 52 55	5 12	15 40	29 56	8 ♍ 12 12	13 17
25	S	18 16 54	3 54 15	23 23	14 35 25	5 04	10 44	29 53	21 02 55	8 03
26	Su	18 20 50	4 55 23	23 21	27 35 03	4 40	5 N15	29 50	4 ♎ 12 09	2 N21
27	M	18 24 47	5 56 31	23 18	10 ♎ 54 33	4 01	0 S 38	29 46	17 42 32	3 S 38
28	T	18 28 43	6 57 40	23 15	24 36 17	3 07	6 38	29 43	1 ♏ 35 57	9 37
29	W	18 32 40	7 58 49	23 12	8 ♏ 41 32	2 00	12 30	29 40	15 52 56	15 16
30	Th	18 36 36	8 59 59	23 08	23 09 53	0 N44	17 51	29 37	0 ♐ 31 57	20 12
31	F	18 40 33	10 ♑ 01 09	23 S 04	7 ♐ 58 31	0 S 37	22 S 14	29 ♉ 34	15 ♐ 28 49	23 S 55

D	Mercury		Venus		Mars		Jupiter	
M	Lat.	Dec.	Lat.	Dec.	Lat.	Dec.	Lat.	Dec.

	° ′	° ′	° ′	° ′	° ′	° ′	° ′	° ′	° ′	° ′	° ′	° ′
1	0 S 57	23 S 00	23 S 19	2 S 54	24 S 42	24 S 31	0 N 11	18 S 01	18 S 12	1 S 03	14 S 01
3	1 09	23 36	23 53	2 42	24 20	24 08	0 10	18 23	18 34	1 03	13 56
5	1 20	24 08	24 22	2 29	23 56	23 44	0 09	18 45	18 56	1 02	13 50
7	1 30	24 34	24 46	2 14	23 32	23 20	0 07	19 06	19 17	1 02	13 43
9	1 39	24 55	25 04	1 58	23 08	22 55	0 06	19 27	19 37	1 02	13 37
11	1 48	25 11	25 17	1 40	22 43	22 30	0 05	19 47	19 56	1 02	13 30
13	1 55	25 22	25 25	1 20	22 18	22 05	0 04	20 06	20 15	1 01	13 24
15	2 02	25 26	25 26	0 59	21 52	21 40	0 03	20 25	20 34	1 01	13 17
17	2 07	25 25	25 22	0 36	21 27	21 14	0 N 01	20 42	20 51	1 01	13 10
19	2 11	25 18	25 12	0 S 11	21 02	20 49	0 00	21 00	21 08	1 01	13 02
21	2 13	25 05	24 56	0 N 16	20 37	20 25	0 S 01	21 16	21 24	1 01	12 55
23	2 13	24 46	24 34	0 43	20 12	20 00	0 02	21 32	21 39	1 00	12 47
25	2 14	24 20	24 05	1 13	19 48	19 37	0 04	21 47	21 54	1 00	12 39
27	2 08	23 49	23 31	1 43	19 25	19 13	0 05	22 01	22 08	1 00	12 31
29	2 01	23 12	22 S 52	2 14	19 02	18 51	0 06	22 14	22 S 21	1 00	12 23
31	1 S 52	22 S 30		2 N 45	18 S 40	18 S 51	0 S 08	22 S 27		1 S 00	12 S 15

FULL MOON–Dec.19,04h.35m. (27° ♊ 29′)

D M	☿ Long.	♀ Long.	♂ Long.	♃ Long.	♄ Long.	♅ Long.	♆ Long.	♇ Long.	☉	☿	♀	♂	♃	♄	♅	♆	♇
	° ′	° ′	° ′	° ′	° ′	° ′	° ′	° ′									
1	10♐ 47	20♑ 47	21♏ 43	25♒ 27	9♒ 00	11♉ 45	20♓ 24	25♑ 03	∠	∠			△			⚻	□
2	12 22	21 21	22 25	25 35	9 05	11R 43	20D 24	25 04	⊻	⊻	✱			□	☍	△	
3	13 56	21 53	23 06	25 43	9 10	11 41	20 24	25 06			∠	☌	□				✱
4	15 30	22 25	23 48	25 52	9 15	11 38	20 24	25 07	☌	☌	⊻			✱		□	∠
5	17 04	22 54	24 30	26 00	9 20	11 36	20 24	25 09				⊻	✱	∠	⚻		⊻
6	18 38	23 22	25 11	26 09	9 25	11 35	20 25	25 11	⊻	⊻		∠	∠	⊻	△	✱	
7	20 12	23 49	25 53	26 18	9 30	11 33	20 25	25 12	∠	∠	☌	✱	⊻			∠	☌
8	21 46	24 13	26 35	26 27	9 35	11 31	20 25	25 14	✱					☌	□	⊻	
9	23 20	24 36	27 16	26 36	9 41	11 29	20 25	25 16		✱	⊻	□	☌				⊻
10	24 54	24 57	27 58	26 45	9 46	11 27	20 26	25 17			∠			⊻	✱		∠
11	26 28	25 16	28 40	26 55	9 51	11 25	20 26	25 19	□	□	✱	△	⊻	∠	∠	☌	✱
12	28 03	25 33	29♏ 22	27 04	9 57	11 23	20 26	25 21					∠	✱	⊻		
13	29♐ 37	25 48	0♐ 04	27 14	10 02	11 22	20 27	25 22	△			⚻				⊻	□
14	1♑ 11	26 00	0 46	27 24	10 08	11 20	20 27	25 24		△	□		✱			∠	
15	2 46	26 11	1 28	27 33	10 14	11 18	20 28	25 26	⚻	⚻				□	☌		
16	4 20	26 19	2 10	27 43	10 19	11 17	20 28	25 27			△		□			✱	△
17	5 54	26 25	2 52	27 54	10 25	11 15	20 29	25 29			⚻	☍		△	⊻		⚻
18	7 29	26 28	3 34	28 04	10 31	11 14	20 29	25 31								□	
19	9 03	26R 29	4 16	28 14	10 37	11 12	20 30	25 33	☍				△	⚻	∠		
20	10 38	26 28	4 58	28 25	10 43	11 11	20 30	25 35		☍			⚻		✱		
21	12 12	26 24	5 40	28 35	10 49	11 09	20 31	25 36			☍	⚻				△	☍
22	13 46	26 18	6 23	28 46	10 55	11 08	20 32	25 38				△		☍	□	⚻	
23	15 20	26 09	7 05	28 57	11 01	11 07	20 33	25 40	⚻								
24	16 53	25 58	7 47	29 08	11 07	11 05	20 33	25 42	△	⚻		□	☍				
25	18 26	25 44	8 30	29 19	11 13	11 04	20 34	25 44		△	⚻				△	☍	⚻
26	19 59	25 27	9 12	29 30	11 19	11 03	20 35	25 46			△			⚻	⚻		△
27	21 31	25 09	9 54	29 41	11 25	11 02	20 36	25 47	□			✱	⚻	△			
28	23 02	24 48	10 37	29♒ 52	11 32	11 01	20 37	25 49		□	□	∠	△				□
29	24 32	24 25	11 19	0♓ 04	11 38	11 00	20 38	25 51	✱			⊻		□	☍	⚻	
30	26 01	23 59	12 02	0 15	11 44	10 59	20 39	25 53	∠	✱	✱		□			△	✱
31	27♑ 28	23♑ 32	12♐ 45	0♓ 27	11♒ 51	10♉ 58	20♓ 40	25♑ 55	⊻	∠	∠	☌		✱			∠

D	Saturn		Uranus		Neptune		Pluto	
M	Lat.	Dec.	Lat.	Dec.	Lat.	Dec.	Lat.	Dec.
	° ′	° ′	° ′	° ′	° ′	° ′	° ′	° ′
1	0S49	18S47	0S25	14N58	1S09	4S52	1S42	22S47
3	0 49	18 45	0 25	14 56	1 09	4 52	1 42	22 47
5	0 49	18 42	0 25	14 55	1 09	4 51	1 42	22 46
7	0 49	18 40	0 25	14 54	1 09	4 51	1 42	22 46
9	0 49	18 37	0 25	14 53	1 09	4 51	1 42	22 45
11	0 49	18 34	0 25	14 52	1 09	4 51	1 42	22 45
13	0 49	18 31	0 25	14 51	1 09	4 50	1 42	22 44
15	0 49	18 28	0 25	14 50	1 09	4 50	1 43	22 44
17	0 49	18 25	0 25	14 49	1 09	4 49	1 43	22 43
19	0 49	18 22	0 25	14 48	1 08	4 49	1 43	22 43
21	0 49	18 19	0 25	14 47	1 08	4 48	1 43	22 42
23	0 49	18 15	0 25	14 46	1 08	4 48	1 43	22 42
25	0 49	18 12	0 24	14 46	1 08	4 47	1 43	22 41
27	0 49	18 09	0 24	14 45	1 08	4 46	1 43	22 41
29	0 49	18 05	0 24	14 44	1 08	4 45	1 43	22 40
31	0S49	18S02	0S24	14N44	1S08	4S45	1S44	22S40

Mutual Aspects

1 ☿∠♇. ♆Stat.
2 ☉∠♇. ☿∇♅.
3 ☉∇♅. ☿Q♃.
5 ☿⊥♀. ☿±♅. ☿∥♀. ♂∥♄.
6 ☉Q♃. ☿⊥♇. ♂✱♇.
7 ☿□♆.
8 ♂□♃. ☉∥♇.
9 ☉±♅.
10 ☉⊥♀. ☿⊻♀. ☿∠♄. ☿⊻♇. ♂Q♄.
☉∥♀.
11 ☉⊥♇. ☿✱♃. ☿⚻♅. ♀☌♇. ♀∥♇.
12 ☉□♆. 14 ☿⊻♂.
16 ☿⊥♄.
17 ☉∠♄. ☉⚻♅. ☉⊻♇.
18 ☉⊻♀.
19 ☿Q♆. ♀∥♂. ♀Stat.
20 ☉✱♃. ☿⊥♂. ☿⊻♄. ☿△♅.
22 ☿∠♃.
24 ♃Q♅. ♄□♅.
25 ♀☌♇.
26 ☉⊥♄. ☿✱♆.
27 ♀∠♂. 28 ♂∠♇.
29 ☿☌♀. ☿⊥♃. ♂∇♅. ☉∥☿.
30 ☉Q♆. ☿☌♇. ♀⊥♃. ♂✱♄.
31 ☿∠♂. ☿∥♂. ☿∥♇.

LAST QUARTER–Dec.27,02h.24m. (5° ♎ 32′)

JANUARY

D	☉	☽	☽Dec.	☿	♀	♂
1	1 01 08	13 17 35	3 23	1 38	1 15	26
2	1 01 09	13 30 08	4 23	1 38	1 15	26
3	1 01 09	13 41 39	5 09	1 38	1 15	27
4	1 01 09	13 52 06	5 39	1 38	1 15	27
5	1 01 09	14 01 29	5 52	1 38	1 15	27
6	1 01 09	14 09 36	5 48	1 39	1 15	27
7	1 01 10	14 16 06	5 25	1 39	1 15	28
8	1 01 10	14 20 17	4 40	1 38	1 15	28
9	1 01 10	14 21 21	3 34	1 38	1 15	28
10	1 01 10	14 18 27	2 10	1 38	1 15	28
11	1 01 10	14 10 58	0 34	1 37	1 15	29
12	1 01 10	13 58 49	1 02	1 37	1 15	29
13	1 01 09	13 42 31	2 27	1 36	1 15	29
14	1 01 09	13 23 12	3 33	1 35	1 15	29
15	1 01 08	13 02 25	4 20	1 33	1 15	29
16	1 01 07	12 41 54	4 49	1 32	1 15	30
17	1 01 07	12 23 16	5 03	1 29	1 15	30
18	1 01 06	12 07 52	5 05	1 27	1 15	30
19	1 01 05	11 56 43	4 58	1 24	1 15	30
20	1 01 04	11 50 28	4 42	1 20	1 15	30
21	1 01 03	11 49 26	4 17	1 16	1 15	31
22	1 01 02	11 53 37	3 43	1 11	1 15	31
23	1 01 01	12 02 42	2 57	1 05	1 15	31
24	1 01 00	12 16 04	1 59	0 58	1 15	31
25	1 00 59	12 32 48	0 50	0 51	1 15	31
26	1 00 58	12 51 39	0 28	0 42	1 15	31
27	1 00 57	13 11 05	1 50	0 33	1 15	31
28	1 00 56	13 29 31	3 07	0 23	1 15	32
29	1 00 55	13 45 25	4 14	0 13	1 15	32
30	1 00 55	13 57 40	5 06	0 02	1 15	32
31	1 00 54	14 05 44	5 41	0 09	1 15	32

FEBRUARY

D	☉	☽	☽Dec.	☿	♀	♂
1	1 00 53	14 09 45	5 56	0 21	1 15	32
2	1 00 52	14 10 24	5 52	0 32	1 15	32
3	1 00 51	14 08 40	5 30	0 42	1 15	32
4	1 00 50	14 05 26	4 48	0 51	1 15	32
5	1 00 50	14 01 19	3 47	0 59	1 15	33
6	1 00 49	13 56 28	2 29	1 05	1 15	33
7	1 00 48	13 50 37	1 00	1 09	1 15	33
8	1 00 47	13 43 15	0 32	1 11	1 15	33
9	1 00 46	13 33 50	1 59	1 11	1 15	33
10	1 00 44	13 22 03	3 11	1 10	1 15	33
11	1 00 43	13 08 01	4 06	1 06	1 15	33
12	1 00 42	12 52 20	4 43	1 02	1 15	33
13	1 00 40	12 36 02	5 03	0 56	1 15	33
14	1 00 39	12 20 22	5 10	0 49	1 15	34
15	1 00 37	12 06 39	5 05	0 42	1 15	34
16	1 00 35	11 56 07	4 51	0 34	1 15	34
17	1 00 34	11 49 47	4 27	0 26	1 15	34
18	1 00 32	11 48 24	3 55	0 18	1 15	34
19	1 00 30	11 52 26	3 12	0 11	1 15	34
20	1 00 28	12 02 01	2 19	0 04	1 15	34
21	1 00 26	12 16 57	1 15	0 03	1 15	34
22	1 00 25	12 36 32	0 00	0 10	1 15	34
23	1 00 23	12 59 36	1 20	0 16	1 15	34
24	1 00 21	13 24 21	2 41	0 21	1 15	34
25	1 00 19	13 48 32	3 56	0 27	1 15	34
26	1 00 17	14 09 37	4 58	0 32	1 15	34
27	1 00 15	14 25 22	5 42	0 36	1 15	35
28	1 00 14	14 34 16	6 06	0 40	1 15	35

MARCH

D	☉	☽	☽Dec.	☿	♀	♂
1	1 00 12	14 35 59	6 08	0 44	1 15	35
2	1 00 10	14 31 21	5 48	0 48	1 15	35
3	1 00 09	14 22 03	5 06	0 51	1 15	35
4	1 00 07	14 10 02	4 05	0 55	1 15	35
5	1 00 06	13 57 02	2 47	0 58	1 15	35
6	1 00 04	13 44 14	1 19	1 00	1 15	35
7	1 00 03	13 32 10	0 12	1 03	1 15	35
8	1 00 01	13 20 50	1 38	1 05	1 15	35
9	0 59 58	13 09 53	2 53	1 08	1 15	35
10	0 59 58	12 58 52	3 51	1 10	1 15	35
11	0 59 56	12 47 27	4 33	1 12	1 15	35
12	0 59 54	12 35 34	4 59	1 14	1 15	35
13	0 59 52	12 23 29	5 11	1 16	1 15	35
14	0 59 50	12 11 48	5 11	1 17	1 15	35
15	0 59 48	12 01 22	5 00	1 19	1 15	35
16	0 59 46	11 53 08	4 38	1 21	1 15	35
17	0 59 44	11 48 06	4 08	1 22	1 15	35
18	0 59 42	11 47 07	3 27	1 24	1 15	35
19	0 59 39	11 50 57	2 37	1 25	1 15	36
20	0 59 37	12 00 06	1 36	1 27	1 15	36
21	0 59 35	12 14 46	0 26	1 28	1 15	36
22	0 59 33	12 34 43	0 50	1 30	1 15	36
23	0 59 30	12 59 12	2 09	1 31	1 15	36
24	0 59 28	13 26 43	3 26	1 32	1 15	36
25	0 59 26	13 55 04	4 34	1 34	1 15	36
26	0 59 23	14 21 22	5 30	1 35	1 15	36
27	0 59 21	14 42 32	6 07	1 36	1 15	36
28	0 59 19	14 55 57	6 22	1 38	1 15	36
29	0 59 17	15 00 11	6 12	1 39	1 15	36
30	0 59 15	14 55 24	5 37	1 41	1 15	36
31	0 59 13	14 43 08	4 37	1 42	1 15	36

APRIL

D	☉	☽	☽Dec.	☿	♀	♂
1	0 59 12	14 25 51	3 17	1 43	1 14	36
2	0 59 10	14 06 04	1 44	1 45	1 14	36
3	0 59 08	13 45 55	0 08	1 46	1 14	36
4	0 59 06	13 26 51	1 23	1 48	1 14	36
5	0 59 05	13 09 36	2 39	1 49	1 14	36
6	0 59 03	12 54 24	3 40	1 50	1 14	36
7	0 59 01	12 41 05	4 24	1 52	1 14	36
8	0 58 59	12 29 21	4 53	1 53	1 14	36
9	0 58 57	12 18 52	5 09	1 55	1 14	36
10	0 58 55	12 09 30	5 12	1 56	1 14	36
11	0 58 53	12 01 16	5 05	1 58	1 14	36
12	0 58 51	11 54 25	4 48	1 59	1 14	36
13	0 58 49	11 49 23	4 23	2 00	1 14	36
14	0 58 47	11 46 48	3 42	2 02	1 14	36
15	0 58 45	11 47 19	2 53	2 03	1 14	36
16	0 58 43	11 51 36	1 55	2 04	1 14	36
17	0 58 41	12 00 16	0 48	2 05	1 14	36
18	0 58 39	12 13 43	0 25	2 06	1 14	36
19	0 58 37	12 32 05	1 41	2 07	1 14	36
20	0 58 34	12 55 05	2 55	2 07	1 14	36
21	0 58 32	13 21 47	4 04	2 08	1 14	36
22	0 58 30	13 50 32	5 03	2 08	1 14	36
23	0 58 28	14 18 53	5 50	2 08	1 14	36
24	0 58 26	14 43 50	6 18	2 07	1 14	36
25	0 58 24	15 02 17	6 24	2 07	1 14	36
26	0 58 22	15 11 48	6 04	2 06	1 14	36
27	0 58 20	15 11 18	5 15	2 04	1 14	36
28	0 58 18	15 01 44	4 00	2 03	1 14	36
29	0 58 17	14 43 48	2 25	2 01	1 14	36
30	0 58 15	14 21 21	0 42	1 58	1 14	36

MAY

D	☉	☽	☽Dec.	☿	♀	♂
1	0 58 14	13 56 42	0 58	1 56	1 14	36
2	0 58 12	13 32 08	2 23	1 53	1 14	36
3	0 58 11	13 09 18	3 30	1 50	1 14	37
4	0 58 09	12 49 08	4 18	1 47	1 14	37
5	0 58 08	12 32 03	4 49	1 44	1 14	37
6	0 58 06	12 18 07	5 06	1 40	1 14	37
7	0 58 05	12 07 07	5 12	1 37	1 14	37
8	0 58 03	11 58 46	5 08	1 33	1 14	37
9	0 58 02	11 52 48	4 53	1 29	1 14	37
10	0 58 00	11 49 01	4 29	1 26	1 14	37
11	0 57 59	11 47 21	3 54	1 22	1 14	37
12	0 57 57	11 47 53	3 08	1 18	1 14	37
13	0 57 56	11 50 51	2 12	1 14	1 14	37
14	0 57 54	11 56 33	1 07	1 10	1 14	37
15	0 57 52	12 05 23	0 05	1 06	1 14	37
16	0 57 51	12 17 42	1 19	1 01	1 14	37
17	0 57 49	12 33 45	2 32	0 57	1 14	37
18	0 57 47	12 53 30	3 39	0 53	1 14	37
19	0 57 46	13 16 33	4 37	0 48	1 14	37
20	0 57 44	13 41 55	5 25	0 44	1 14	37
21	0 57 42	14 08 01	5 59	0 39	1 14	37
22	0 57 41	14 32 36	6 16	0 35	1 14	37
23	0 57 39	14 53 01	6 11	0 30	1 14	37
24	0 57 38	15 06 41	5 40	0 26	1 13	37
25	0 57 36	15 11 38	4 40	0 21	1 13	37
26	0 57 35	15 07 06	3 14	0 16	1 13	37
27	0 57 34	14 53 42	1 29	0 11	1 13	37
28	0 57 33	14 33 15	0 20	0 07	1 13	37
29	0 57 32	14 08 18	1 58	0 02	1 13	37
30	0 57 31	13 41 30	3 16	0 03	1 13	37
31	0 57 30	13 15 13	4 12	0 07	1 13	37

JUNE

D	☉	☽	☽Dec.	☿	♀	♂
1	0 57 30	12 51 12	4 47	0 11	1 13	37
2	0 57 29	12 30 36	5 07	0 15	1 13	37
3	0 57 28	12 14 00	5 14	0 19	1 13	37
4	0 57 27	12 01 33	5 11	0 22	1 13	37
5	0 57 27	11 53 07	4 58	0 26	1 13	37
6	0 57 26	11 48 23	4 36	0 28	1 13	37
7	0 57 25	11 46 57	4 04	0 30	1 13	37
8	0 57 25	11 48 24	3 21	0 32	1 13	37
9	0 57 24	11 52 20	2 28	0 33	1 13	37
10	0 57 23	11 58 29	1 24	0 34	1 13	37
11	0 57 22	12 06 38	0 13	0 34	1 13	37
12	0 57 22	12 16 44	1 02	0 33	1 13	37
13	0 57 21	12 28 48	2 15	0 32	1 13	37
14	0 57 20	12 42 52	3 22	0 30	1 13	37
15	0 57 19	12 59 00	4 20	0 28	1 13	37
16	0 57 18	13 17 05	5 07	0 25	1 13	37
17	0 57 17	13 36 43	5 41	0 22	1 13	37
18	0 57 16	13 57 11	6 01	0 19	1 13	37
19	0 57 16	14 17 14	6 03	0 15	1 13	37
20	0 57 15	14 35 12	5 45	0 11	1 13	37
21	0 57 14	14 49 05	5 01	0 06	1 13	37
22	0 57 14	14 56 57	3 50	0 02	1 13	37
23	0 57 13	14 57 15	2 16	0 03	1 13	37
24	0 57 13	14 49 23	0 27	0 07	1 13	37
25	0 57 12	14 33 54	1 20	0 12	1 13	37
26	0 57 12	14 12 23	2 51	0 17	1 13	37
27	0 57 12	13 47 09	4 00	0 22	1 13	37
28	0 57 12	13 20 43	4 45	0 26	1 13	37
29	0 57 12	12 55 20	5 10	0 31	1 13	37
30	0 57 12	12 32 48	5 19	0 36	1 13	37

JULY

D	☉	☽	☽Dec.	☿	♀	♂
1	0 57 12	12 14 19	5 17	0 41	1 13	37
2	0 57 12	12 00 30	5 05	0 45	1 13	37
3	0 57 13	11 51 36	4 43	0 50	1 13	37
4	0 57 13	11 47 28	4 13	0 54	1 13	37
5	0 57 13	11 47 45	3 33	0 59	1 13	37
6	0 57 13	11 51 55	2 43	1 03	1 13	37
7	0 57 14	11 59 17	1 41	1 07	1 13	37
8	0 57 14	12 09 09	0 31	1 12	1 12	37
9	0 57 14	12 20 45	0 44	1 16	1 12	37
10	0 57 14	12 33 27	2 00	1 20	1 12	37
11	0 57 14	12 46 40	3 10	1 24	1 12	37
12	0 57 14	13 00 02	4 10	1 28	1 12	37
13	0 57 14	13 13 23	4 58	1 32	1 12	37
14	0 57 14	13 26 39	5 33	1 36	1 12	37
15	0 57 14	13 39 53	5 52	1 39	1 12	37
16	0 57 14	13 53 04	5 56	1 43	1 12	37
17	0 57 15	14 05 54	5 42	1 46	1 12	37
18	0 57 15	14 17 45	5 07	1 50	1 12	37
19	0 57 15	14 27 40	4 09	1 53	1 12	37
20	0 57 15	14 34 11	2 47	1 55	1 12	37
21	0 57 16	14 35 53	1 07	1 58	1 12	37
22	0 57 16	14 31 38	0 39	2 00	1 12	38
23	0 57 16	14 20 59	2 18	2 02	1 12	38
24	0 57 17	14 04 26	3 38	2 03	1 12	38
25	0 57 18	13 43 23	4 35	2 05	1 12	38
26	0 57 18	13 19 51	5 09	2 06	1 12	38
27	0 57 19	12 56 03	5 25	2 06	1 12	38
28	0 57 20	12 33 59	5 25	2 07	1 12	38
29	0 57 21	12 15 16	5 14	2 07	1 12	38
30	0 57 22	12 01 00	4 54	2 06	1 12	38
31	0 57 23	11 51 52	4 25	2 06	1 12	38

AUGUST

D	☉	☽	☽Dec.	☿	♀	♂
1	0 57 24	11 48 04	3 46	2 05	1 12	38
2	0 57 26	11 49 30	2 58	2 04	1 12	38
3	0 57 27	11 55 46	2 00	2 03	1 12	38
4	0 57 28	12 06 12	0 52	2 02	1 11	38
5	0 57 29	12 19 52	0 23	2 01	1 11	38
6	0 57 30	12 35 38	1 40	1 59	1 11	38
7	0 57 31	12 52 13	2 55	1 58	1 11	38
8	0 57 32	13 08 23	4 00	1 57	1 11	38
9	0 57 33	13 23 03	4 54	1 55	1 11	38
10	0 57 34	13 35 32	5 32	1 54	1 11	38
11	0 57 35	13 45 33	5 54	1 52	1 11	38
12	0 57 36	13 53 19	5 59	1 51	1 11	38
13	0 57 37	13 59 13	5 46	1 49	1 11	38
14	0 57 38	14 04 03	5 13	1 48	1 11	38
15	0 57 39	14 07 53	4 20	1 46	1 11	38
16	0 57 40	14 10 44	3 05	1 45	1 11	38
17	0 57 41	14 12 05	1 34	1 43	1 11	38
18	0 57 42	14 11 04	0 07	1 42	1 11	38
19	0 57 43	14 06 42	1 46	1 40	1 11	38
20	0 57 44	13 58 16	3 11	1 39	1 11	38
21	0 57 46	13 45 34	4 17	1 38	1 11	38
22	0 57 47	13 29 06	5 01	1 36	1 11	38
23	0 57 48	13 10 03	5 25	1 35	1 10	38
24	0 57 50	12 49 59	5 32	1 33	1 10	38
25	0 57 52	12 30 39	5 25	1 32	1 10	38
26	0 57 53	12 13 40	5 07	1 31	1 10	38
27	0 57 55	12 00 20	4 39	1 29	1 10	38
28	0 57 57	11 51 39	4 01	1 28	1 10	38
29	0 57 59	11 48 12	3 15	1 26	1 10	38
30	0 58 01	11 50 15	2 19	1 25	1 10	38
31	0 58 03	11 57 44	1 14	1 24	1 10	38

SEPTEMBER

D	☉	☽	☽Dec.	☿	♀	♂
1	0 58 04	12 10 13	0 01	1 22	1 10	38
2	0 58 06	12 26 54	1 16	1 21	1 10	38
3	0 58 08	12 46 35	2 32	1 19	1 10	38
4	0 58 10	13 07 40	3 43	1 17	1 10	38
5	0 58 12	13 28 17	4 44	1 16	1 10	39
6	0 58 14	13 46 36	5 30	1 14	1 10	39
7	0 58 15	14 01 05	6 00	1 12	1 09	39
8	0 58 17	14 10 48	6 11	1 10	1 09	39
9	0 58 19	14 15 42	6 01	1 09	1 09	39
10	0 58 20	14 16 23	5 30	1 08	1 09	39
11	0 58 22	14 13 56	4 37	1 04	1 09	39
12	0 58 23	14 09 30	3 24	1 02	1 09	39
13	0 58 25	14 03 57	1 54	0 59	1 09	39
14	0 58 27	13 57 41	0 16	0 57	1 09	39
15	0 58 28	13 50 41	1 21	0 54	1 09	39
16	0 58 30	13 42 36	2 48	0 51	1 08	39
17	0 58 31	13 32 56	3 58	0 48	1 08	39
18	0 58 33	13 21 22	4 48	0 44	1 08	39
19	0 58 35	13 07 54	5 19	0 41	1 08	39
20	0 58 37	12 52 57	5 32	0 36	1 08	39
21	0 58 39	12 37 19	5 32	0 32	1 08	39
22	0 58 41	12 22 04	5 18	0 27	1 08	39
23	0 58 43	12 08 23	4 53	0 22	1 08	39
24	0 58 45	11 57 23	4 18	0 17	1 08	39
25	0 58 47	11 50 05	3 33	0 11	1 08	39
26	0 58 49	11 47 18	2 39	0 05	1 07	39
27	0 58 52	11 49 34	1 36	0 02	1 07	39
28	0 58 54	11 57 12	0 26	0 09	1 07	39
29	0 58 56	12 10 10	0 49	0 16	1 07	39
30	0 58 58	12 28 04	2 04	0 24	1 07	39

OCTOBER

D	☉	☽	☽Dec.	☿	♀	♂
1	0 59 01	12 49 58	3 17	0 31	1 07	39
2	0 59 03	13 14 28	4 22	0 39	1 07	39
3	0 59 05	13 39 34	5 16	0 46	1 06	39
4	0 59 07	14 02 55	5 56	0 53	1 06	39
5	0 59 09	14 22 10	6 18	1 00	1 06	39
6	0 59 11	14 35 22	6 19	1 05	1 06	39
7	0 59 13	14 41 33	5 55	1 08	1 06	39
8	0 59 15	14 40 48	5 06	1 11	1 06	39
9	0 59 17	14 34 09	3 53	1 11	1 05	40
10	0 59 19	14 23 15	2 21	1 09	1 05	40
11	0 59 21	14 09 46	0 39	1 06	1 05	40
12	0 59 23	13 55 10	1 01	1 00	1 05	40
13	0 59 24	13 40 25	2 30	0 53	1 05	40
14	0 59 26	13 26 02	3 42	0 44	1 04	40
15	0 59 28	13 12 11	4 35	0 34	1 04	40
16	0 59 29	12 58 50	5 09	0 24	1 04	40
17	0 59 31	12 45 53	5 28	0 13	1 04	40
18	0 59 33	12 33 20	5 32	0 02	1 03	40
19	0 59 35	12 21 21	5 23	0 09	1 03	40
20	0 59 37	12 10 17	5 03	0 20	1 03	40
21	0 59 39	12 00 37	4 32	0 30	1 03	40
22	0 59 41	11 53 00	3 50	0 39	1 02	40
23	0 59 43	11 48 06	2 58	0 48	1 02	40
24	0 59 46	11 46 37	1 56	0 55	1 02	40
25	0 59 48	11 49 10	0 48	1 02	1 01	40
26	0 59 50	11 56 15	0 24	1 08	1 01	40
27	0 59 52	12 08 11	1 38	1 13	1 01	40
28	0 59 54	12 25 00	2 49	1 18	1 00	40
29	0 59 56	12 46 21	3 54	1 21	1 00	40
30	0 59 59	13 11 20	4 51	1 25	1 00	40
31	1 00 01	13 38 27	5 37	1 27	0 59	40

NOVEMBER

D	☉	☽	☽Dec.	☿	♀	♂
1	1 00 03	14 05 34	6 09	1 29	0 59	40
2	1 00 05	14 30 04	6 23	1 31	0 58	40
3	1 00 07	14 49 15	6 15	1 33	0 58	40
4	1 00 09	15 00 53	5 39	1 34	0 58	40
5	1 00 11	15 03 44	4 35	1 35	0 57	40
6	1 00 12	14 57 55	3 04	1 36	0 57	41
7	1 00 14	14 44 43	1 17	1 36	0 56	41
8	1 00 16	14 26 13	0 33	1 36	0 56	41
9	1 00 17	14 04 44	2 12	1 37	0 55	41
10	1 00 18	13 42 24	3 30	1 37	0 54	41
11	1 00 20	13 20 50	4 27	1 37	0 54	41
12	1 00 21	13 01 06	5 04	1 37	0 53	41
13	1 00 23	12 43 45	5 24	1 37	0 52	41
14	1 00 24	12 28 57	5 30	1 37	0 52	41
15	1 00 25	12 16 40	5 24	1 37	0 51	41
16	1 00 27	12 06 41	5 08	1 36	0 50	41
17	1 00 28	11 58 51	4 41	1 36	0 50	41
18	1 00 30	11 53 01	4 03	1 36	0 49	41
19	1 00 31	11 49 13	3 14	1 36	0 48	41
20	1 00 33	11 47 33	2 15	1 36	0 47	41
21	1 00 34	11 48 19	1 08	1 36	0 46	41
22	1 00 36	11 51 51	0 04	1 35	0 45	41
23	1 00 38	11 58 34	1 17	1 35	0 44	41
24	1 00 39	12 08 54	2 26	1 35	0 43	41
25	1 00 41	12 23 08	3 30	1 35	0 42	41
26	1 00 42	12 41 03	4 26	1 35	0 41	41
27	1 00 44	13 03 25	5 12	1 35	0 40	41
28	1 00 45	13 28 32	5 48	1 34	0 39	41
29	1 00 47	13 55 23	6 09	1 34	0 37	41
30	1 00 49	14 21 57	6 14	1 34	0 36	41

DECEMBER

D	☉	☽	☽Dec.	☿	♀	♂
1	1 00 50	14 45 38	5 55	1 34	0 35	41
2	1 00 51	15 03 35	5 09	1 34	0 33	42
3	1 00 53	15 13 18	3 52	1 34	0 32	42
4	1 00 54	15 13 15	2 09	1 34	0 30	42
5	1 00 55	15 03 22	0 13	1 34	0 29	42
6	1 00 56	14 45 04	1 40	1 34	0 27	42
7	1 00 57	14 20 52	3 13	1 34	0 25	42
8	1 00 57	13 53 42	4 20	1 34	0 24	42
9	1 00 58	13 26 20	5 03	1 34	0 22	42
10	1 00 58	13 00 53	5 25	1 34	0 20	42
11	1 00 59	12 38 45	5 32	1 34	0 18	42
12	1 01 00	12 20 39	5 27	1 34	0 16	42
13	1 01 00	12 06 48	5 12	1 34	0 14	42
14	1 01 01	11 57 00	4 47	1 34	0 12	42
15	1 01 01	11 50 53	4 12	1 34	0 09	42
16	1 01 02	11 47 58	3 28	1 34	0 07	42
17	1 01 02	11 47 43	2 30	1 34	0 05	42
18	1 01 03	11 49 44	1 25	1 34	0 02	42
19	1 01 04	11 53 41	0 14	1 34	0 00	42
20	1 01 04	11 59 24	1 00	1 34	0 03	42
21	1 01 05	12 06 56	2 10	1 34	0 05	42
22	1 01 05	12 16 26	3 15	1 34	0 08	42
23	1 01 06	12 28 11	4 10	1 34	0 10	42
24	1 01 07	12 42 31	4 55	1 33	0 13	42
25	1 01 07	12 59 37	5 30	1 33	0 15	42
26	1 01 08	13 19 31	5 52	1 32	0 17	42
27	1 01 08	13 41 44	6 01	1 32	0 20	42
28	1 01 09	14 05 15	5 52	1 31	0 22	42
29	1 01 10	14 28 21	5 21	1 29	0 24	43
30	1 01 10	14 48 38	4 23	1 28	0 26	43
31	1 01 11	15 03 20	2 56	1 26	0 28	43

JANUARY

1 Fr	00 05	☽☍♃	B
	00 16	☽#☉	G
	01 21	☽⚻♆	b
	02 55	♀∥♇	
	05 25	☽⚻♀	b
	05 42	☽#♀	G
	05 51	☽#♇	D
	07 26	☽□♅	B
	11 18	☿⚹♆	
2 Sa	00 28	☽#♄	B
	01 48	☽#♃	G
	02 22	♀⚻♅	
	11 24	☽△♀	G
	21 07	☽⚻☉	b
	22 00	☽△♂	G
3 Su	01 13	☽♍	
	13 12	☽△♅	G
	13 24	☽⚻☿	b
	15 13	☽∥♅	B
	17 08	☉∥♀	
	17 37	☽⚻♇	b
	22 22	☽∥♂	B
4 Mo	01 22	☽⚻♂	b
	01 44	☽△☉	G
	02 19	♀⊻♇	
	06 58	♃∠♆	
	07 09	☽⚻♄	b
	09 49	☽☍♆	B
	09 52	☽⚻♃	b
	15 26	☽⚻♅	b
	19 11	☽△☿	G
	19 52	☽△♇	G
	21 34	☽□♀	B
5 Tu	00 58	☿☌♇	
	02 22	☽#♆	D
	05 42	☽♎	
	09 22	☽△♄	G
	12 17	☽△♃	G
	13 58	♀⊥♄	
6 We	07 00	☿∥♀	
	09 37	☽□☉	B
	13 16	☉∥♇	
	22 27	♂♉	
	23 23	☽□♇	B
	23 39	☽∥♆	D
7 Th	05 21	☽□☿	B
	05 32	♀⊥♃	
	05 55	☽⚹♀	G
	08 53	☽♏	
	09 14	☽☍♂	B
	12 54	☽□♄	B
	14 59	☽⚻♆	b
	16 11	☽□♃	B
	20 16	☽☍♅	B
	20 39	☿∥♇	
8 Fr	00 04	☿⊻♀	
	06 12	☽#♂	B
	09 30	☽#♅	B
	09 36	☽∠♀	b
	12 00	☿♒	
	12 47	☉∥☿	
	15 41	♀♑	
	16 11	☽⚹☉	G
	16 14	☽△♆	G
	16 53	☉⚹♆	
9 Sa	01 59	☽⚹♇	G
	02 44	☿□♂	
	11 15	☽♐	
	13 07	☽⊻♀	g
	14 15	☽⚹☿	G
	15 38	☽⚹♄	G
	15 53	♀△♂	
	17 55	☽∥♃	G
	19 11	☽∠☉	b
	19 18	☽⚹♃	G
	20 27	☽∥♄	B
10 Su	03 07	☽∠♇	b
	03 17	☿☌♄	
	06 44	☽∥☿	G
	10 07	☽∥☉	G
	14 23	☽∥♇	D
	15 13	☽⚻♂	b
	16 56	☽∠♄	b
	17 56	☿∠♆	
	18 29	☽□♆	B
	18 33	☽∠☿	b
	20 39	♀⊻♄	
	20 48	☽∠♃	b
	21 33	☽∥♀	G
	22 12	☽⊻☉	g
	23 36	☽⚻♅	b
11 Mo	04 17	☽⊻♇	g
	13 30	☽♑	
	17 16	☽△♂	G
	17 19	☿☌♃	
	18 20	☽⊻♄	g
	20 14	☽☌♀	G
	22 28	☽⊻♃	g
	23 02	☽⊻☿	g
12 Tu	00 51	☽△♅	G
	06 30	♂∥♅	
	15 00	☿□♅	
	21 17	☽⚹♆	G
13 We	02 40	♀⊻♃	
	05 00	☽☌☉	D
	07 22	☽☌♇	D
	11 02	♂□♄	
	16 36	☿∥♄	
	16 44	☽♒	
	19 49	☽∥♀	G
	22 11	☽☌♄	B
	22 30	☽□♂	B
	23 17	☽∠♆	b
14 Th	00 22	♀△♅	
	01 03	♀Q♆	
	02 55	☽☌♃	G
	03 26	☽∥♇	D
	04 29	☽□♅	B
	04 54	☽⊻♀	g
	08 36	♅Stat	
	09 28	☽☌☿	G
	13 20	☽∥☉	G
	14 19	☉☌♇	
	20 03	☿∥♃	
	21 55	♂∠♆	
	23 18	☽∥♄	B
15 Fr	01 55	☽⊻♆	g
	03 06	☽∥♃	G
	04 10	☽∥☿	G
	10 25	☽∠♀	b
	12 33	☽⊻♇	g
	14 21	☽⊻☉	g
	22 17	☽♓	
16 Sa	04 33	☽⊻♄	g
	06 29	☽⚹♂	G
	08 56	☽#♂	B
	10 03	☽⊻♃	g
	10 43	☽⚹♅	G
	11 51	☿⊥♆	
	12 45	☽#♅	B
	16 18	☽∠♇	b
	17 02	☽⚹♀	G
	20 29	☽∠☉	b
	23 33	☽⊻☿	g
17 Su	09 00	☽∠♄	b
	09 35	☽☌♆	D
	11 53	☽∠♂	b
	14 57	☽∠♃	b
	15 06	☽∠♅	b
	20 55	☽⚹♇	G
	22 50	♃□♅	
18 Mo	03 40	☽∥♆	D
	03 44	☽⚹☉	G
	07 07	☽♈	
	08 16	☽∠☿	b
	14 20	☽⚹♄	G
	18 16	☽⊻♂	g
	20 20	☽⊻♅	g
	20 45	☽⚹♃	G
19 Tu	09 43	☽□♀	B
	17 53	☽⚹☿	G
	20 34	☽⊻♆	g
	20 40	☉♒	
20 We	06 53	☽#♆	D
	08 29	☽□♇	B
	16 57	♄∠♆	
	18 04	☿⊻♆	
	18 56	☽♉	
	20 38	♂☌♅	
	21 02	☽□☉	B
21 Th	02 56	☽∠♆	b
	03 00	☽□♄	B
	08 37	☽☌♅	B
	09 08	☽☌♂	B
	10 15	☽□♃	B
22 Fr	00 15	☽∥♅	B
	02 51	☿#♂	
	04 54	☉∥♄	
	05 28	☽△♀	G
	09 21	☽#☿	G
	09 27	☽⚹♆	G
	10 37	☽∥♂	B
	13 59	☽□☿	B
	21 28	☽△♇	G
23 Sa	07 43	☽♊	
	07 49	♂□♃	
	09 36	☽#♃	G
	13 29	☽#☉	G
	15 19	☽⚻♀	b
	15 27	☽△☉	G
	15 32	☽#♄	B
	16 19	☽△♄	G
	19 29	☉∠♆	
	19 49	♀⚹♆	
	21 16	☽⊻♅	g
24 Su	00 04	☽△♃	G
	00 27	☽⊻♂	g
	03 01	☉☌♄	
	03 27	♀∥♇	
	03 38	☽⚻♇	b
	14 14	☽#♀	G
	14 51	☽#♇	D
	21 36	☽□♆	B
	22 21	☽⚻♄	b
	23 54	☽⚻☉	b
25 Mo	02 55	☽∠♅	b
	04 56	☿#♅	
	06 12	☽⚻♃	b
	07 17	☽△☿	G
	07 18	☽∠♂	b
	18 52	☽♋	
26 Tu	06 09	☿Q♅	
	07 49	☽⚹♅	G
	12 48	☉□♅	
	13 17	☽⚹♂	G
	13 21	☉∥♃	
	13 56	☽⚻☿	b
	14 35	☿⊻♇	
27 We	06 57	☽△♆	G
	15 37	☽☍♀	B
	17 55	☽☍♇	B
28 Th	02 54	☽♌	
	10 25	☽⚻♆	b
	11 41	☽☍♄	B
	14 25	☽#♇	D
	15 11	☽□♅	B
	16 18	♀☌♇	
	19 16	☽☍☉	B
	19 39	☽☍♃	B
	20 58	☽#♀	G
	22 32	☽□♂	B
29 Fr	01 40	☉☌♃	
	12 14	☽#♄	B
	17 19	☿⊻♀	
	18 46	☽#♃	G
	22 52	☽#☉	G
30 Sa	01 53	☽☍☿	B
	05 13	☽∥♂	B
	08 02	☽♍	
	15 51	☿Stat	
	19 52	☽△♅	G
	21 02	☽∥♅	B
31 Su	01 37	☽⚻♇	b
	04 57	☽△♂	G
	07 06	☽⚻♀	b
	08 33	☽#☿	G
	17 09	☽☍♆	B
	18 50	☽⚻♄	b
	21 34	☽⚻♅	b

FEBRUARY

1 Mo	03 05	☽⚻♃	b
	03 17	☽△♇	G
	07 26	☽⚻☉	b
	07 33	☽⚻♂	b
	08 45	☽#♆	D
	10 34	☉□♂	
	11 10	☽△♀	G
	11 25	☽♎	
	14 05	♀♒	
	14 12	☉#♂	
	20 32	☽△♄	G
	22 44	☉⊥♆	
2 Tu	04 57	☽△♃	G
	05 50	☽⚻☿	b
	10 50	☽△☉	G
3 We	03 03	☽∥♆	D
	06 15	☽□♇	B
	06 15	☽△☿	G
	06 22	☿⊻♇	
	14 14	☽♏	
	18 55	☽□♀	B
	19 19	☿Q♅	
	21 38	☽⚻♆	b
	23 47	☽□♄	B
4 Th	01 34	☽∥☿	G
	01 57	☽☍♅	B
	08 40	☽□♃	B
	14 33	☽#♅	B
	14 51	☽☍♂	B
	17 37	☽□☉	B
	23 11	☽△♆	G
5 Fr	02 23	♀∠♆	
	02 37	☽∥☉	G
	06 27	☽□☿	B
	09 20	☽⚹♇	G
	11 36	☽#♂	B
	13 35	☽∥♃	G
	17 16	☽♐	
	21 04	☽∥♄	B
	23 47	☽∥♀	G
6 Sa	03 00	☽⚹♀	G
	03 20	☽⚹♄	G
	07 07	♀☌♄	
	11 03	☽∠♇	b
	12 45	☽⚹♃	G
	18 47	☽∥♇	D
7 Su	00 56	☽⚹☉	G
	01 19	♂#♃	
	02 40	☽□♆	B
	03 33	♀□♅	
	05 20	☽∠♄	b
	06 16	☽⚹☿	G
	06 59	☽⚻♅	b
	07 19	☽∠♀	b
	12 56	☽⊻♇	g
	15 02	☽∠♃	b
	17 22	♀∥♄	
	20 52	☽♑	
	23 09	☽⚻♂	b
8 Mo	01 32	☉⊻♆	
	04 55	☽∠☉	b
	06 13	☽∠☿	b
	07 31	☽⊻♄	g
	09 00	☽△♅	G
	11 53	☽⊻♀	g
	13 48	☉☌☿	
	17 32	☽⊻♃	g
	23 35	☿⊻♆	
9 Tu	02 21	☽△♂	G
	06 18	☽⊻☿	g
	06 55	☽⚹♆	G
	09 11	☽⊻☉	g
	17 22	☽☌♇	D
10 We	01 20	☽♒	
	07 44	♀#♂	
	09 28	☽∠♆	b
	12 16	☿□♂	
	12 42	☽☌♄	B
	13 16	☽∥♇	D
	13 51	☽□♅	B
	22 11	☽☌♀	G
	23 29	☽☌♃	G
11 Th	07 22	☽☌☿	G
	09 55	☽□♂	B
	12 27	☽⊻♆	g
	13 01	☽∥♄	B
	15 00	♀☌♃	
	15 57	☽#♂	B
	19 06	☽☌☉	D
	20 16	☽∥♀	G
	22 25	☽∥♃	G
	23 14	☽⊻♇	g

12 Fr				20 Sa					2 Tu				11 Th				19 Fr							
	07 23	☽ ✶			00 30	☽ ∥ ♂	B		22 57	☽ △ ♃	G		17 58	☽ ☌ ♃	G			08 48	♂ ⊼ ♅	
	11 38	♀ ⊥ ♆			05 25	☉ ⊥ ♇		2	05 34	☽ ⎃ ♀	b		21 08	☽ ☍ ⊙	g			16 24	☽ ✶ ♀	G
	15 32	⊙ ♃ ♅			06 50	☽ ⊼ ♅	g	Tu	07 28	☽ ∥ ♆	D		21 21	☽ ✶ ♅	b			16 30	☽ △ ♇	G
	19 42	☽ ⊼ h	g		07 15	☽ △ h	G		14 09	☽ ☐ ♇	B	11	00 01	⊙ ♂ ♆				17 20	♀ ✶ ♇	
	20 30	☽ ✶ ♅	G		13 52	☽ ☐ ♇	b		15 56	☽ ∥ ⊙	G	Th	01 06	☽ ∥ h	B			18 10	☽ ♃ h	B
	20 38	☽ ♃ ♅	B		14 20	☽ △ ♀	G		16 11	☽ ☐ ⊙	b		03 32	☽ ♂ ♀	G			19 31	♀ ⊥ ♃	
	21 02	☽ ∥ ⊙	G		20 15	☽ ♃ ♇	D		20 38	☽ ♏			07 48	☽ ✶ ♇	g			20 40	☽ ✶ ⊙	G
13 Sa	23 33	☽ ∥ ♀	G		21 46	☽ △ ♃	G	3 We	05 14	☽ ∥ ♀	b		14 44	☽ ✶				21 41	♀ ♂ ♂	
	03 01	☽ ∠ ♇	b	21 Su	00 53	☽ ☍			05 28	☽ ☐ ♅	b		16 22	☽ ∥ ♃	G			23 47	☽ ♏	
	04 02	♀ ∥ ♃			08 10	☽ ☐ ♆	B		08 39	☽ △ ♀	G		23 16	☽ ☐ ♂	B	19 Fr	09 28	☽ ☐ ♀	B
	07 29	☽ ✶ ♃	g		12 52	☽ ∠ ♅	b		09 21	☽ ♂ ♅	B		23 24	☽ ∥ ♀	G		16 52	☽ ⊼ ♅	B
	07 48	☽ ☐ h	b		13 29	☽ ☐ h	b		11 05	☽ ☐ h	B	12 Fr	02 31	☽ ♃ ♅	B		18 25	☽ △ ♇	G
	10 32	☽ ✶ ♀	g		16 06	☽ ⊼ ♂	g		17 09	♀ ✶ ♅	G		05 50	☽ ✶ ♅	G		20 49	☽ △ h	G
	11 03	☽ ✶ ♀	g		18 39	☽ △ ♀	G		18 52	☽ △ ⊙	B		08 49	☽ ✶ h	g		23 03	☽ ☐ ♇	B
	14 42	⊙ ♃ ♅			20 01	♀ ♃ ♅	B		20 32	☽ ♃ ♅	B		11 57	☽ ∠ ♇	b	20 Sa	00 57	☽ ♃ ♇	D
	15 02	⊙ ∥ ♀			20 11	☽ ☐ ♀	b	4 Th	00 01	☽ ☐ ♀	B		21 16	☿ ☐ ♃			09 37	⊙ ♏	
	19 55	☽ ✶ ♂	G	22 Mo	03 53	☽ ☍			01 22	☽ ∥ ♃	B		23 53	♀ ∠ ♃			13 08	☽ ∥ ♂	B
14 Su	20 11	☽ ♂ ♆	D		03 58	☽ ☐ ♃	b		03 29	♂ ♏		13 Sa	01 41	☽ ✶ ♇			18 14	☽ △ ♃	G
	00 12	☽ ⎃ h	b		05 31	☽ ∠ ♇			06 30	☽ △ ♆	G		03 11	☽ ✶ ♃	g		18 20	☽ ☐ ♅	b
	00 48	☽ ∠ ♅	b		11 47	☽ △ ♂	G		07 07	☽ ∥ ♀	G		03 29	♀ ♂ ♀	G		23 15	☽ ♃ ♅	b
	02 13	⊙ ✶ ♅			18 09	☽ ✶ ♅	G		08 29	☽ ∥ ♃	G		05 52	☽ ♂ ♆	D	21 Su	01 51	♃ ✶ ♆	
	02 34	♂ ⊼ ♇			22 35	☽ ∠ ♂	b		15 14	♀ ✶ ♅			10 21	☽ ♂ ⊙	D		03 16	☽ △ ♃	b
	03 25	♂ ♃ h		23 Tu	02 53	☽ ∥ ♃	b		16 10	☽ ✶ ♇	B		10 27	☽ ∠ ♀	b		12 04	☽ ☐ ♀	B
	07 29	☽ ✶ ♇	G		10 06	♀ ♃ ♅			20 42	☽ ∥ h	B		11 32	⊙ ∠ ♅			12 18	☽ ♂ ♂	
	07 54	☽ ♂ ⊙	g		18 06	☽ △ ♆	G		22 43	☽ ♏			13 36	☽ ∠ h	b		14 16	♀ ⎈	
	10 24	☿ ⊥ ♀			18 40	☽ ☐ ⊙	b	5 Fr	23 32	☽ ☐ ♃	B		16 38	☽ ✶ ♇	G		14 40	☽ ☐ ⊙	B
	12 32	☽ ∠ ♃	b	24 We	03 59	☽ ✶ ♃	G		03 27	☿ ♂ ♃			18 17	☽ ✶ ♀	g		23 35	☽ ✶ ♅	
	13 15	☽ ∠ ♀	b		04 54	☽ ♂ ♇	B	Fr	06 58	☽ ∠ ♂	b		19 30	☽ ♃ ♅	B	22 Mo	00 32	♂ △ h	
	13 22	☽ ∥ ♆	D		12 23	☽ ♏			15 58	☽ ☐ ♀	B		20 23	☽ ∥ ♀	G		02 35	♂ △ h	
	14 00	☿ ♃ h			21 36	☽ ☐ ♆	b		17 42	☽ ∠ ♇	b		22 40	☽ ∥ ♆	D		05 02	☽ ♃ ♅	G
	15 54	☽ ♏		25 Th	01 26	☽ ♃ ♇	D		17 51	☽ ♃ ♂	G		23 44	☽ ♏			05 46	☽ △ ♀	G
	18 52	☽ ∠ ♀	b		01 49	☽ ☐ ♃	B		21 14	☽ ∥ ♇	D	14 Su	04 08	♀ ♂ ♀			09 19	☽ ✶ ♂	g
15 Mo	21 40	☿ ♂ ♃			01 52	♂ △ ♇		6 Sa	01 30	☽ ☐ ⊙	B		07 35	⊙ ♂ ♀			12 05	⊙ ♃ ♅	
	02 07	☽ ∠ ♇	b		02 52	☽ ✶ h	B		01 29	☽ ✶ ♀	G		08 38	☽ ∠ ♃	b		23 19	⊙ ⊥ ♅	
	05 23	☽ ✶ h	G		09 56	☽ ♂ ♇	B		05 07	☽ ✶ ♃	G		09 08	☽ ∥ ⊙	b	23 Tu	01 54	☽ △ ♆	G
	05 49	☽ ✶ ♅	g		13 11	♀ ♏			06 35	☽ ✶ ♅	G		11 28	☽ ✶ ♂	G		10 12	☿ ⊼ h	
	15 40	☽ ∠ ⊙	b		13 21	☽ ∥ ♂	B		09 44	☽ ☐ ♀	B		15 37	☽ ⊼ ♅	G		14 21	☽ ☐ ♀	b
	16 50	☽ ✶ ♅	B		16 40	☽ ♂ ♃	B		11 40	♀ ∠ ♇			18 58	☽ ♃ h	G		15 20	☽ ∠ ♇	b
	18 22	☽ ✶ ♃	G		21 13	⊙ ♃ ♅			13 49	☽ ☐ ♃	b		21 07	♀ ∥ ♀			15 26	☽ ♂ ♇	B
16 Tu	03 40	☽ ✶ ♀	G	26 Fr	02 21	☽ ♃ h	B		15 59	☽ ∠ h	B	15 Mo	02 57	☽ ∠ ♀	b		16 10	♀ ⊥ ♃	
	06 44	☽ ⊼ ♆	g		11 32	☽ ☐ ♂	B		19 39	☽ ✶ ♇	g		05 33	☽ ♃ ⊙	G		17 32	☿ ☐ ♇	
	09 08	☽ ⎃ ♀			14 01	☽ △ ♃	G	7 Su	02 20	☽ ♏			07 07	⊙ ∠ h			21 56	☽ ♏	
	12 33	☽ ♃ ♆	D		14 25	☽ ✶ ♅	b		07 39	☽ ∠ ♃	b		14 40	☽ △ ♃	G		22 58	☽ ∥ ♂	B
	18 32	☽ ☐ ♇	B		16 35	☽ ✶ ♃	G		10 50	☽ ∠ ♀	b		15 53	☽ ♃ ♀	G		23 39	☽ ∠ ♇	b
	20 49	♃ ⊥ ♀			17 07	☽ ♏			16 09	☽ △ ♅	G		16 35	☽ ⊼ ♀	g	24 We	03 26	☽ ☐ ⊙	
17 We	00 17	☽ ✶ ⊙	G		19 50	☽ ♂ ♀	B		18 28	☽ ⊼ h	g		17 40	☽ ♃ ♆	D		03 50	☽ △ ♀	G
	03 12	☽ ♏		27 Sa	03 14	♀ ⊥ ♇		8 Mo	01 29	☽ ✶ ♀	G		18 33	☽ ∠ ♂	b		04 54	☽ △ ♃	G
	10 00	♀ ✶ ♅			05 54	☽ △ ♃	B		09 11	☽ ♃ ♂	G		20 39	☽ ✶ ♀	g		09 13	☽ ☐ ♀	b
	12 57	☽ ∠ ♃	b		08 17	☽ ♃ ⊙	B		09 28	⊙ ∥ ♆		16 Tu	03 40	☽ ✶ ♇	g		13 19	☽ ♃ ♇	D
	17 48	☽ ☐ h	B		11 42	☽ ☐ ♀	G		10 15	☽ ✶ ⊙	G		03 48	⊙ ∠ ♃	g		13 45	☽ ☐ ♃	B
	17 48	☽ ♂ ♅	B		12 40	☽ ♃ ♀	G		10 39	☽ ✶ ♃	g		09 41	⊙ ⊥ ♃			17 38	☽ ♂ h	B
	19 08	h ∥ ♅		28 Su	03 06	☽ ♃ ♆	D		12 12	♂ ♈ ♀			10 56	☽ ♏			20 08	☽ ✶ ♂	G
	21 58	☽ ♃ ⊙	G		03 05	☽ ♃ ⊙	B		14 41	☽ ✶ ♅	G		12 31	☽ ⊼ ♀			20 35	☽ ☐ ♀	B
18 Th	02 32	☽ ☐ ♀	B		07 01	☽ ☐ h	b		15 44	☽ ⊼ ♀	b		18 26	☽ ✶ ♇	G	25 Th	10 01	☽ ♏	
	07 51	☽ ☐ ♃	B		08 22	☽ ☐ h	b		17 04	⊙ ✶ ♃	B		18 26	☽ ✶ ♇			13 20	☽ △ ♀	B
	08 09	☽ ∥ ♅	B		12 42	☽ △ ♇	G	9 Tu	00 52	☽ ♂ ♇	D	17 We	02 12	☽ ✶ ♀	g	Fr	06 58	⊙ ♂ ♀	
	10 44	⊙ ✶			15 58	☽ △ ⊙	G		05 03	♂ ♃ ♇			03 37	☽ ♂ ♅	B		09 58	☽ ∥ ♃	G
	15 18	☽ ♃ ⊙	G		17 30	☽ ∠ ♀	G		07 05	☽ ∠ ♀	b		06 18	☽ ♂ ♃			13 23	☽ ∥ ♅	B
	19 03	☽ ♃ ♀	G		17 43	☽ ♃ ♆	D		07 41	☽ ≈		18 Th	07 20	☽ ☐ h	B		18 17	☽ △ ♅	G
	19 30	☽ ✶ ♅	G		19 17	☽ △			13 23	☽ △ ♂	G		08 59	☽ ♃ ♀			18 53	☽ ♃ ♃	G
	23 21	☽ ☐ ♀	B		21 54	☽ ♃ ♃	G		15 25	☽ ∠ ♀	b		11 20	☽ ♂ ⊙	b		19 15	☽ ☐ ♅	b
19 Fr	00 48	♂ ♂ ♃	G		**MARCH**				17 48	☽ ∠ ♆	B		16 30	☽ ∥ ♅	B	27 Sa	02 16	☽ ☐ ♂	B
	05 04	☽ ♃ ♃	G						20 54	♀ ⊥ h							07 37	☽ ♂ ♇	B
	07 28	☽ ♏		1 Mo	05 18	☿ ⊥ ♆			21 04	☽ ♃ ♂	B						11 46	♀ ∠ ♃	
	16 04	☽ ♈			09 17	☽ △ h	G		21 41	☽ ∥ ♇	D						11 48	♀ ⊥ h	
	16 54	☽ ♃ h	B		10 05	⊙ ♂ ♀			22 06	☽ ☐ ♃	B	18 Th	04 14	☽ ♃ ♃	B		15 05	☽ ♂ ♆	B
	17 18	☽ ∥ ♀			17 40	☽ ♃ ♀	g	10 We	00 45	☽ ♂ h	B		04 14	☽ ☐ ♃	B		18 53	☽ ♃ ♃	G
	18 47	☽ ☐ ⊙	B		19 27	☽ △ ♀	G		13 16	☽ ⊼ ♀	g	05 16	☽ ✶ ♆	G		19 15	☽ ☐ ♅	b
	23 04	♀ ☐ ♂																	

	21	02	☉∠♃	
	22	56	☽⚼♄	b
	23	48	☽△♇	G
28	05	20	☽#♆	D
Su	05	22	☽♎	
	10	16	☽∥☉	G
	11	58	♀Q♇	
	13	48	☽∥♀	G
	16	53	♀⊻♅	
	17	38	☽⚼♃	b
	18	48	☽☍☉	B
	19	55	☽☍♀	B
	23	21	☽△♄	G
29	01	46	☉Q♇	
Mo	05	12	☽△♂	G
	08	01	☽#♀	G
	08	34	☉⊻♅	
	09	00	♂⊥♅	
	11	38	☽#☉	G
	14	52	☽∥♆	D
	18	01	☽△♃	G
	20	05	☽∥☿	G
30	00	08	☽□♇	B
Tu	03	24	☿☌♆	
	05	33	☽♏	
	06	12	☽⚼♂	b
	15	45	☽⚼♆	b
	15	47	♀⚹♄	
	17	16	☽⚼☿	b
	19	54	☽☍♅	B
	23	39	☽□♄	B
31	03	54	☿⊻♃	
We	05	42	☽#♅	B
	07	12	☽∥♃	G
	14	51	☉#♆	
	15	58	☽△♆	G
	17	05	☿∠♅	
	18	52	☽□♃	B
	19	13	☉#☿	
	20	35	☽△☿	G
	21	04	☉⚹♄	
	21	46	☿∥♆	
	23	34	☽∥♄	B
APRIL				
1	00	15	☽⚼☉	b
Th	00	29	☽⚹♇	G
	02	50	☽⚼♀	b
	05	59	☽♐	
	07	35	☿#♀	
	20	45	♀#♆	
2	00	53	☽⚹♄	G
Fr	01	12	☽∠♇	b
	01	37	☽∥♇	D
	02	46	☽△☉	G
	03	28	☿∠♄	
	05	56	☽△♀	G
	06	04	☿⚹♇	
	10	40	☽☍♂	B
	17	42	☽□♆	B
	21	17	☽⚹♃	G
	22	10	☽⚼♅	b
	22	12	☽#♂	B
3	02	17	☽∠♄	b
Sa	02	30	☽⊻♇	g
	05	24	☽□☿	B
	08	13	☽♑	
	23	27	☽∠♃	b
4	00	05	☽△♅	G
Su	01	16	☿⊥♃	
	03	41	☿♈	
	04	21	☽⊻♄	g
	10	02	☽□☉	B
	13	44	♃#♅	
	14	33	☽□♀	B
	21	55	☽⚹♆	G
5	02	18	☽⊻♃	g
Mo	05	04	☽#♂	B
	07	05	☽☌♇	D
	13	04	☽♒	
	18	19	☽⚹☿	G
	20	58	☽⚼♂	b
	23	13	☿⊥♅	
6	01	02	☽∠♆	b
Tu	05	04	☽∥♇	D
	05	58	☽□♅	B
	06	07	☉∥♀	
	10	32	☽☌♄	B
	11	18	♀⚹♂	
	20	40	☽⚹☉	G
7	01	55	☽△♂	G
We	02	26	☽∠☿	b
	02	44	☽⚹♀	G
	04	49	☽⊻♆	g
	10	05	☽☌♃	G
	11	15	☽∥♄	B
	14	18	☽⊻♇	g
	20	30	☽♓	
8	00	55	♀⊻♆	
Th	02	52	♂±♇	
	03	09	☽∠☉	b
	06	43	☽#♅	B
	08	14	☽∥♃	G
	10	03	☽∠♀	b
	11	36	☽⊻☿	g
	14	24	☽⚹♅	G
	18	48	☽∠♇	b
	19	13	☽⊻♄	g
	21	20	☿Q♇	
9	05	45	☿Q♂	
Fr	06	37	☿⊻♅	
	10	19	☽⊻☉	g
	11	21	☿∠♃	
	12	55	☽#♀	G
	13	49	☽□♂	B
	14	04	☽☌♆	D
	14	32	☽#☉	G
	18	05	☽⊻♀	g
	19	18	♂□♆	
	19	26	☽∠♅	b
	20	15	☽⊻♃	g
	22	28	♀Q♄	
	23	48	☽⚹♇	G
10	00	23	☽∠♄	b
Sa	06	11	☽♈	
	07	03	☽∥♆	D
	12	28	☽#☿	G
	15	09	☿⚹♄	
	18	53	♀⚹♃	
11	00	58	☽⊻♅	g
Su	02	06	☽∠♃	b
	06	01	☽⚹♄	G
	08	46	☽☌☿	G
	11	10	☉⊻♆	
	20	46	☿#♆	
	22	24	☽#♆	D
	22	44	☽∥☿	G
12	01	18	☽⊻♆	g
Mo	02	31	☽☌☉	D
	03	20	♀□♇	
	03	59	☽⚹♂	G
	08	24	☽⚹♃	G
	11	12	☽□♇	B
	12	06	☽☌♀	G
	17	44	☽♉	
	21	20	☽∥☉	G
13	00	25	♀⊥♆	
Tu	01	21	☽∥♀	G
	07	32	☽∠♆	b
	11	47	☽∠♂	b
	13	18	☽☌♅	B
	18	30	☽□♄	B
	21	15	☽#♃	G
	23	09	☉⚹♂	
14	00	14	☉Q♄	
We	01	11	☽∥♅	B
	09	14	☽⊻☿	g
	14	03	☽⚹♆	G
	18	22	♀♉	
	19	54	☽⊻♂	g
	20	17	♂∠♅	
	20	34	☽#♄	B
	20	37	☽⊻☉	g
	22	02	☽□♃	B
15	00	00	☽△♇	G
Th	06	35	☽♊	
	08	01	☽⊻♀	g
	13	32	☿⊻♆	
	16	59	☉⚹♃	
	22	12	☽∠☿	b
16	02	38	☽⊻♅	g
Fr	05	57	☽∠☉	b
	05	58	☽#♇	D
	06	34	☽⚼♇	b
	07	53	☽△♄	G
	13	27	☉□♇	
	18	07	☽∠♀	b
	18	53	☿Q♄	
17	03	15	☽□♆	B
Sa	05	14	♂△♃	
	09	11	☽∠♅	b
	11	05	☽⚹☿	G
	11	53	☽△♃	G
	12	08	☽☌♂	B
	14	23	☽⚼♄	b
	14	35	☽∥♂	B
	15	03	☽⚹☉	G
	16	00	☿⚹♃	
	19	09	☿⚹♂	
	19	17	☉⊥♆	
	19	25	☽♋	
	21	49	☿□♇	
18	03	49	☽⚹♀	G
Su	04	26	♂⊼♇	
	11	54	☿⊥♆	
	15	18	☽⚹♅	G
	18	14	☽⚼♃	b
19	01	49	☉☌☿	
Mo	10	29	☿♉	
	12	33	♂⚼♄	
	14	56	☽△♆	G
	16	31	☽∥♂	B
	20	33	☉♉	
20	00	03	☽☍♇	B
Tu	01	01	☉∥☿	
	02	15	☽⊻♂	g
	06	11	☽♌	
	06	59	☽□☉	B
	10	08	☽□☿	B
	11	44	♀∠♆	
	15	55	♀#♃	
	19	09	♃⊻♇	
	19	33	☽⚼♆	b
	20	21	☽□♀	B
	23	36	☽#♇	D
21	01	11	☽□♅	B
We	05	56	☽☍♄	B
	07	46	☽∠♂	b
	21	50	☿#♃	
22	01	01	♀Q♃	
Th	06	12	☽#♄	B
	07	54	☽☍♃	B
	12	05	☽⚹♂	G
	13	08	☽♍	
	18	06	☽△☉	G
	19	10	☿∠♆	
	21	44	☽∥♅	B
	22	59	☽∥♀	G
	23	32	☽∥☿	G
23	01	01	♀☌♅	
Fr	02	47	☽△☿	G
	04	11	☽#♃	G
	06	17	☿∥♀	
	06	29	☽∥☉	G
	06	57	☽△♅	G
	07	30	☽△♀	G
	09	37	☽⚼♇	b
	10	16	☿∥♅	
	11	49	♂♋	
	14	37	♀∥♅	
	19	06	☿Q♃	
	21	44	☽⚼☉	b
24	03	10	☽☍♆	B
Sa	06	42	☿☌♅	
	08	21	☽⚼♅	b
	08	38	☽⚼☿	b
	10	50	☽△♇	G
	11	08	☽⚼♀	b
	12	33	☽⚼♄	b
	13	55	☉#♃	
	16	06	☽♎	
	17	19	☽□♂	B
	17	43	☽#♆	D
25	04	22	♀□♄	
Su	11	58	☿□♄	
	12	29	☽⚼♃	b
	13	02	☽△♄	G
	22	19	☿☌♀	
26	00	27	☽∥♆	D
Mo	11	15	☽□♇	B
	12	40	☽△♃	G
	16	18	☽♏	
	19	29	☽△♂	G
27	01	28	☿#♄	
Tu	03	32	☽☍☉	B
	03	48	☽⚼♆	b
	08	00	☉∠♆	
	08	51	☽☍♅	B
	10	48	☽∥♃	G
	12	47	☽□♄	B
	15	33	☽#☉	G
	17	35	☽☍♀	B
	17	50	☿∠♂	
	17	53	☽#♅	B
	20	06	♇ Stat	
	20	08	☽⚼♂	b
	20	24	☽☍☿	B
28	01	35	☽#♀	G
We	03	31	☽△♆	G
	07	01	☽∥♄	B
	10	38	☽⚹♇	G
	12	31	☽#☿	G
	12	31	☽□♃	B
	15	42	☽♐	
29	09	56	☽∥♇	D
Th	10	35	☽∠♇	b
	11	49	☉∥♅	
	12	35	☽⚹♄	G
30	02	27	☿⚹♆	
Fr	03	42	☽□♆	B
	05	09	♀∠♂	
	08	22	☽⚼☉	b
	09	06	☽⚼♅	b
	09	43	☉Q♃	
	10	53	☽#♂	B
	11	00	☽⊻♇	g
	13	07	☽∠♄	b
	13	26	☽⚹♃	G
	16	16	☽♑	
	19	54	☉☌♅	
	23	51	☽☍♂	B
MAY				
1	00	44	☽⚼♀	b
Sa	01	12	♀#♄	
	08	44	☽⚼☿	b
	10	12	☽△♅	G
	11	12	☽△☉	G
	14	18	☽⊻♄	g
	14	50	☽∠♃	b
2	04	42	☽△♀	G
Su	06	16	☽⚹♆	G
	09	19	☿△♇	
	09	49	☽#♂	B
	13	54	☽☌♇	D
	14	38	☽△☿	G
	17	02	☽⊻♃	g
	19	31	☽♒	
	22	38	♀⚹♆	
3	08	46	☽∠♆	b
Mo	09	33	☿□♃	
	10	02	☉□♄	
	12	16	☽∥♇	D
	14	52	☽□♅	B
	15	32	☽#☿	G
	19	08	☽☌♄	B
	19	50	☽□☉	B
4	02	49	☿♊	
Tu	10	36	☽⚼♂	b
	11	29	☿#♇	
	12	00	☿⊥♂	
	12	08	☽⊻♆	g
	12	24	☽#♀	G
	16	00	☽□♀	B
	19	47	☽∥♄	B
	20	09	☽⊻♇	g
5	00	05	☽☌♃	G
We	02	07	☽#☉	G
	02	08	☽♓	
	05	14	♃Q♅	
	05	54	☽□☿	B
	10	23	♂±♄	
	10	28	☽#♅	B
	16	07	☽△♂	G
	21	44	☽∥♃	G

	22 57	☽⚹♅	G
6 Th	00 30	☽∠♇	b
	03 21	☽⊻♄	g
	08 41	☽⚹☉	G
	11 25	♀△♇	
	17 43	☿Q♆	
	21 17	☽☌♆	D
7 Fr	04 07	☽∠♅	b
	05 34	☽⚹♇	G
	07 36	☽⚹♀	G
	08 33	☽∠♄	b
	10 21	☽⊻♃	g
	11 52	☽♈	
	14 36	☽∥♆	D
	16 27	☽∠☉	b
8 Sa	01 01	☽⚹☿	G
	05 35	☽□♂	B
	09 53	☽⊻♅	g
	13 38	♀□♃	
	14 18	☽⚹♄	G
	16 23	☽∠♃	b
	16 40	☽∠♀	b
9 Su	00 54	☽⊻☉	g
	02 01	♀♊	
	02 27	☉⋕♄	
	03 08	☽⋕♆	D
	08 52	☽⊻♆	g
	11 23	☽∠☿	b
	17 16	☽□♇	B
	22 50	☽⚹♃	G
	23 46	☽♉	
10 Mo	02 17	☽⊻♀	g
	11 48	☿⊻♂	
	15 14	☽∠♆	b
	16 48	☿∥♂	
	20 25	☽⋕♃	G
	21 12	☽⚹♂	G
	21 55	☽⊻☿	g
	22 35	☽☌♅	B
11 Tu	02 55	☽□♄	B
	03 48	☿⊻♅	
	10 00	☽∥♅	B
	12 21	☿⚼♇	
	19 00	☽☌☉	D
	21 47	☽⚹♆	G
12 We	00 57	☽⋕♄	B
	02 48	♂⚹♅	
	05 22	☽∠♂	b
	06 07	☽△♇	G
	06 10	☽∥☉	G
	12 23	☽□♃	B
	12 43	☽♊	
	18 34	☿△♄	
	21 33	♀Q♆	
	22 20	☽☌♀	G
13 Th	04 03	☽∥♀	G
	05 45	☉⚹♆	
	11 55	☽⊻♅	g
	12 02	☽⋕♇	D
	12 37	☽⚼♇	b
	13 33	☽⊻♂	g
	16 03	☽△♄	G
	18 32	☽☌☿	G
	22 36	♃♓	
14 Fr	09 30	☽∥♂	B
	10 51	☽□♆	B
	13 22	☽⊻☉	g
	16 59	♀⊥♂	
	18 25	☽∠♅	b
	22 24	☽⚼♄	b
15 Sa	00 22	☽∥☿	G
	01 30	☽♋	
	01 45	☽△♃	G
	14 49	♂∇♄	
	17 53	☽⊻♀	g
	22 03	☽∠☉	b
16 Su	00 35	☽⚹♅	G
	05 06	☽☌♂	B
	07 55	☽⚼♃	b
	08 32	☿⊥♅	
	12 51	☽⊻☿	g
	17 50	☽∥☿	G
	22 42	☽△♆	G
17 Mo	02 47	☽∠♀	b
	03 26	♀⋕♇	
	06 05	☽⚹☉	G
	06 23	☽☍♇	B
	09 49	☉△♇	
	12 44	☽☊	
	13 08	☽∥♂	B
	20 30	☽∠☿	b
18 Tu	03 42	☽⚼♆	b
	04 52	☽∥♀	G
	06 47	☽⋕♇	D
	10 43	☽⚹♀	G
	11 04	☽□♅	B
	14 29	☽☍♄	B
	14 31	♀⊻♅	
	14 43	♀⚼♇	
	18 01	☽⊻♂	g
	23 43	♂⚼♃	
19 We	00 50	☽∥☉	G
	02 55	☽⚹☿	G
	15 20	☽⋕♄	B
	18 53	☿±♇	
	19 13	☽□☉	B
	20 59	☽♍	
	22 07	☽☍♃	B
	23 02	☽∠♂	b
20 Th	01 58	♀△♄	
	03 55	☽∥♅	B
	17 55	☽⚼♇	b
	18 09	☽△♅	G
	18 13	☽⋕♃	G
	19 37	☉♊	
	23 01	☽□♀	B
21 Fr	02 57	☽⚹♂	G
	11 47	☽□☿	B
	13 24	☽☍♆	B
	15 03	☉□♃	
	19 56	☽△♇	G
	20 17	☽⚼♅	b
	23 04	☽⚼♄	b
22 Sa	01 35	☽♎	
	03 46	☽△☉	G
	04 32	☽⋕♆	D
23 Su	00 11	☽△♄	G
	02 43	☿□♆	
	04 08	☽⚼♃	b
	06 30	☽⚼☉	b
	06 36	☽△♀	G
	07 51	☽□♂	B
	09 18	♄ Stat	
	10 06	☽∥♆	D
	15 59	☽△☿	G
	17 31	♀⊥♅	
	21 36	☽□♇	B
24	01 27	♀∥♂	
Mo	03 00	☽♏	
	04 37	☽△♃	G
	09 04	☽⚼♀	b
	11 15	♀⊻♂	
	15 41	☽⚼♆	b
	16 51	☽⚼☿	b
	17 33	☽∥♃	G
	22 15	☽☍♅	B
25 Tu	00 35	☽□♄	B
	07 01	☽⋕♅	B
	10 01	☽△♂	G
	13 07	☉∠♂	
	15 30	☽△♆	G
	17 36	☽∥♄	B
	21 20	☽⚹♇	G
	21 23	♀±♇	
	23 06	☉Q♆	
26 We	02 39	☽♐	
	04 30	☽□♃	B
	10 42	☽⚼♂	b
	11 14	☽☍☉	B
	14 17	☽⋕☉	G
	21 01	☽∠♇	b
	21 11	☽∥♇	D
27 Th	00 01	☽⚹♄	G
	04 19	☽⋕♂	B
	10 39	☽⋕♀	G
	12 13	☽⋕☿	G
	14 43	☽☍♀	B
	15 06	☽□♆	B
	17 35	☽☍☿	B
	19 25	♀□♆	
	20 55	☽⊻♇	g
	21 53	☽⚼♅	b
	23 18	☿∥♀	
	23 58	☽∠♄	b
28 Fr	02 23	☽♑	
	04 31	☽⚹♃	G
	22 22	☽△♅	G
29 Sa	00 23	☽⊻♄	g
	05 11	☽∠♃	b
	05 13	☿☌♀	
	14 36	☽☍♂	B
	16 13	☽⚹♆	G
	17 08	☽⚼☉	b
	22 15	☽☌♇	D
	22 34	☿ Stat	
30 Su	02 47	☽⋕♀	G
	04 04	☽♒	
	06 34	☽⊻♃	g
	10 49	☽⋕☿	G
	15 18	☽⋕♂	B
	17 47	♀∇♇	
	17 53	☽∠♆	b
	20 00	☽∥♇	D
	20 43	☽△☉	G
	20 47	☽⚼☿	b
	22 57	☽⋕☉	G
31 Mo	00 41	☽⚼♀	b
	01 30	☽□♅	B
	03 25	☽☌♄	B
	05 15	♂△♆	
	10 07	♀∠♅	
	20 27	☽⊻♆	g
	23 13	☽△☿	G
JUNE			
1 Tu	02 48	☽⊻♇	g
	03 16	☽∥♄	B
	06 14	☽△♀	G
	06 57	♀⚼♄	
	09 07	☽♓	
	12 04	☽☌♃	G
	15 10	☽⋕♅	B
	19 54	☉⚼♇	
2 We	02 07	☽⚼♂	b
	06 32	☽∠♇	b
	07 14	☿⊻♂	
	07 24	☽□☉	B
	07 44	☿∥♂	
	08 21	☽⚹♅	G
	08 37	☽∥♃	G
	10 08	☽⊻♄	g
	13 19	♀♋	
	15 18	♂Q♅	
	20 43	☉⊻♅	
3 Th	00 18	☉⋕♇	
	04 10	☉∥☿	
	04 31	☽☌♆	D
	05 40	☿⋕♇	
	06 24	☽□☿	B
	08 08	☽△♂	G
	11 10	☽⚹♇	G
	13 13	☽∠♅	b
	14 53	☽∠♄	b
	17 59	☽♈	
	19 05	☉△♄	
	20 11	☉∥♂	
	21 09	☽□♀	B
	21 23	☽⊻♃	g
	21 43	☽∥♆	D
	23 33	♀△♃	
4 Fr	14 54	♂⋕♇	
	17 00	♂±♃	
	18 52	☽⊻♅	g
	20 24	☽⚹♄	G
	22 38	☽⚹☉	G
5 Sa	03 12	☽∠♃	b
	08 27	☽⋕♆	D
	15 49	☽⊻♆	g
	15 56	☽⚹☿	G
	19 05	☿□♆	
	19 45	♂☍♇	
	22 37	☽□♇	B
	22 47	☽□♂	B
6 Su	05 46	☽♉	
	07 26	☽∠☉	b
	09 32	☽⚹♃	G
	15 57	☽⚹♀	G
	21 10	☽∠☿	b
	22 13	☽∠♆	b
	22 58	☽⋕♃	G
7 Mo	07 39	☽☌♅	B
	08 51	☽□♄	B
	16 36	☽⊻☉	g
	18 44	☽∥♅	B
8 Tu	02 00	☽∠♀	b
	02 27	☽⊻☿	g
	04 41	☿⊥♂	
	04 47	☽⚹♆	G
	07 41	☽⋕♄	B
	11 30	☽△♇	G
	12 57	♀±♄	
	15 07	☽⚹♂	G
	18 47	☽♊	
	22 47	☽□♃	B
9 We	04 09	☽∥☿	G
	11 31	☉⊥♅	
	12 01	☽⊻♀	g
	13 40	☽∥♂	B
	17 56	☽⚼♇	b
	19 15	☽⋕♇	D
	20 55	☽⊻♅	g
	21 44	☽△♄	G
	23 14	☽∠♂	b
10 Th	01 34	☽∥☉	G
	10 53	☽☌☉	D
	12 37	☽☌☿	G
	16 01	☽∥☿	G
	17 37	☽□♆	B
11 Fr	00 24	☿±♇	
	01 13	☉☌☿	
	01 40	☉±♇	
	03 15	☽∠♅	b
	03 51	☽⚼♄	b
	07 02	☽⊻♂	g
	07 22	☽♋	
	11 28	☽△♃	G
	13 34	♂☊	
12 Sa	06 59	☽☌♀	G
	09 11	☽⚹♅	G
	17 13	☽⚼♃	b
	21 38	☽⊻☿	g
13 Su	03 33	☽⊻☉	g
	05 06	☽△♆	G
	05 38	♀⚹♅	
	08 15	♀∇♄	
	10 24	☿⊥♅	
	11 16	☽☍♇	B
	18 22	☽☊	
	18 46	☽∥♀	G
	21 08	☽☌♂	B
	23 39	☉□♆	
14 Mo	01 32	☽∠☿	b
	03 02	☽∥☉	G
	10 03	☽⚼♆	b
	10 54	☽∠☉	b
	11 17	☽⋕♇	D
	19 27	☽□♅	B
	19 28	☽☍♄	B
	22 01	♄□♅	
	22 20	☽∥♂	B
	23 19	☽⊻♀	g
15 Tu	00 39	♂∇♃	
	04 58	☽⚹☿	G
	12 06	☽∥☿	G
	17 27	☽⚹☉	G
	20 12	☽⋕♄	B
16 We	01 07	☿∠♂	
	03 02	☽♍	
	06 12	☽∠♀	b
	07 00	☽☍♃	B
	07 50	☽∥♅	B
	08 28	☽⊻♂	g
	14 52	♀⚼♃	
	20 11	☿⊻♀	
	23 35	☽⚼♇	b
17 Th	02 31	☽⋕♃	G
	03 07	☽△♅	G
	05 24	☉∇♇	
	10 16	☽□☿	B
	12 07	☽⚹♀	G
	12 55	☽∠♂	b
	20 55	☽☍♆	B
18 Fr	02 18	☽△♇	G
	03 54	☽□☉	B
	05 23	☽⚼♄	b

	05 52	☽□♅	b		16 58	☽□☿	b		16 41	☽♂♅	B		11 11	☽‖♃	B	We	11 09	☽□Ψ	B
	08 54	☽△			17 42	☽✓♃	g		17 28	☽□♀	B		13 05	☽✓☿	G		14 06	☽△♀	G
	12 17	☽♃♆	D		21 00	☽♃♅	G	5	03 03	☽‖♅	B		13 33	♀♂♂			15 10	☽✓♇	g
	14 46	☉‖♀		27	03 57	☽∠Ψ	b	Mo	09 36	☽✓♀	g		20 41	☽✓⊙	b		16 05	☽✓h	b
	16 32	☽✶♂	G	Su	04 14	☽‖♇	D		11 30	☽✶Ψ	B	14	03 55	☽□♇	b		21 42	☽□♅	b
19	00 12	☉□h			04 27	♀♃			14 29	☽‖♂	B	We	05 29	☽♃♃	G		22 26	☽△♀	G
Sa	07 15	☽△h	G		06 29	☽♂♂	B		16 30	☽♃♃	G		10 25	☽△♃	B		22 36	☽♃	
	09 14	☉∠♅			10 13	☽♃♀	G		16 57	☽△♇	G		21 20	♂‖♃			23 41	☽✶♃	G
	13 22	☽△♂	G		11 23	☽♃♅	B		19 14	☉♃♅			21 55	☽✓♀	g	22	00 37	♀mp	
	14 28	☽□♃	b		13 16	☽□♅	B		23 40	☽∠⊙	b		23 28	☽✓♀	g	Th	12 45	♀♃♃	
	18 02	☽‖Ψ	D		19 08	☽△☿	G	6	00 53	☽‖♀	B	15	01 46	☽♃⊙	B		14 09	♂✶♆	
	21 07	☽□♇	B	28	00 07	☉±h		Tu	01 24	☽♂		Th	02 17	♀♃			14 26	♀♃	
20	05 38	☽□♇	B	Mo	03 07	☽□⊙	b		05 03	☽□♃	B		06 46	☽△♇	G		15 52	☽□♂	b
Su	10 52	☽△⊙	G		03 38	☽♃♂	b		07 39	☽♃♅	B		08 17	☽□h	b		16 38	☽✶h	g
	14 10	☽m			04 28	☽♃☿	G		10 34	☽‖♂	G		08 46	♀‖♅			22 25	☽△♅	g
	14 10	☽□♀	b		05 49	☽✶Ψ	g		23 22	☽♃♀	b		08 49	☉△♀	B	23	00 14	☽✶♃	b
	15 35	☽△♃	G		10 05	☽‖h	B	7	01 41	☽✓♀	G		09 57	☿±h		Fr	01 21	☽□♀	b
	18 10	♃⊥♇			10 47	☽✶♇	g	We	01 47	☽△h	G		13 15	☽□♅	b		03 02	♀⊥♂	
	20 05	♀⊥♀			14 44	♂‖♂			02 36	♀♃h			14 32	☽△			04 10	♀✶♃	
	21 15	☽∠♂			17 51	☽‖☿			03 03	☽♃♀	D		17 13	☽♃Ψ	D		05 16	♀±♇	
	21 29	☽□♂	B		21 31	♀♃♃	B		03 35	☽‖⊙	G		20 55	♀‖♂			07 53	☽♃♇	
21	01 30	☽□♀	b		21 32	☽‖♅	B		05 50	☽✶♅	B		21 05	♀‖♂			09 23	♀±♃	
Mo	01 41	☽‖♃	G		21 33	☽♂♃	G		08 44	☽✓⊙	G		21 19	♀∠♂			12 26	♀♃♀	
	03 32	☉⊙		29	07 54	☽△⊙	G		09 47	☽✓♂	B	16	02 09	☽□♃	B		16 34	☽♃♇	D
	09 09	☽□h	B	Tu	12 56	☽∠♀			15 18	☉±♅		Fr	04 34	☽✶♀	b		20 00	☽♀	
	10 02	☽♂♅	b		13 43	☽∠♇	b	8	00 12	☽□Ψ	B		06 41	♀✶Ψ		24	00 12	☽✶♀	g
	13 16	☽□⊙	b		16 24	☽✓h	B	Th	05 04	♀♃♃			10 33	☽△h	G	Sa	00 59	☽✓♃	g
	13 57	♀△♃			16 34	☽‖♃	B		07 46	☽□h	b		13 44	☽♃♃	b		02 37	☽♃⊙	B
	18 38	☽♃♅	B		18 47	☽✶♅	B		11 11	☽✓♃	B		23 59	☽‖Ψ	D		12 34	☽‖♇	B
22	01 57	☽△♀	G		21 13	☽□♀	B		11 59	☽∠♅	b	17	05 04	☽✶♃	G		13 37	☽∠Ψ	b
Tu	03 01	☽△♀	G		23 03	☽∠♅	b		13 51	☽☿		Sa	09 04	☽✶Ψ			14 02	☽♃♀	G
	04 53	☽‖h							15 06	☉♃♃	B		10 08	☉±♀			16 35	☽△♀	
	06 43	☽✶♇	B		**JULY**				15 36	♀♃♇			10 11	☽□⊙	B		18 25	☽♂h	B
	08 03	☽♃♀		1	01 21	☽Y			17 09	☽△♃	G		11 03	☽□♀	B	25	00 43	☽□♃	B
	12 55	☽✓		Th	04 53	☽‖Ψ	D	9	17 26	☽∠♀	b		18 38	☽mp		Su	08 16	♀±♃	G
	16 14	☽♃♂	B		05 12	☽✶♃	g	Fr	19 25	♀□♅			20 23	☽△♃	G		08 59	☽♃⊙	G
	16 26	☽□♃	B		11 22	☽♃♀	G		20 29	☉✶♀			22 46	♀✶♀			13 14	☽✶Ψ	B
	22 00	☿Stat			13 08	♂♃♂		9	06 48	☉±♆		18	07 48	♀✶♀			16 22	☽‖h	B
23	00 17	☽△♂	G		21 11	☽□⊙	B	Fr	12 40	♀♃♀		Su	08 21	☽□♀	b		19 24	☽✶♀	g
We	05 17	☽□♀	b	2	01 16	☽✶h	G		13 02	♀±h			08 41	♀✶♀			20 15	♀✶♇	B
	06 48	☽∠♇	b	Fr	01 58	☽△♀	G		17 38	☽✶♅	G		10 37	☽‖♃	G		23 14	☽♃♆	B
	09 25	☽✶h	G		04 15	☽✶♅	g		19 59	☽✶♀	g		13 13	☽△♀	G	26	03 30	☽✶	
	09 41	☽♃♀	G		10 25	☽∠♃	b		22 29	☽□♃	B		13 45	☽□h	B	Mo	03 56	☽♃♃	G
	10 11	☽△♅			14 54	☽♃Ψ	D	10	00 28	☽✶♀	G		17 13	☽✶♀			05 23	☽‖♃	B
	11 24	♀□♅			15 35	☿⊥h		Sa	01 17	☽♃♀	D		18 22	♂♃♆			09 43	♀‖♀	B
	14 50	☽♂♇	B		16 12	☽✶♇	G		11 11	☽△Ψ	G		19 00	☽♃♅	B		13 04	☽♃♀	
	16 31	☽♃⊙			17 30	☽±♀	g		16 10	☽♃♇	B		19 06	♀□♅			18 08	☽♃♂	B
	23 23	☽♃♀			22 48	☽∠h	g		21 49	☽✶♀	g		20 14	☽△♀			21 37	☽‖♃	G
	23 40	♀♃♇		3	04 15	☽□♃	B	11	00 21	☽♀			22 56	♀♃♂			21 52	☽✶♃	b
24	00 39	♀±♃		Sa	12 28	☽☿		Su	06 06	♀✶♅		19	03 03	☽♃♀	B		22 25	☽✶h	g
Th	01 22	☽□♂	b		16 19	☽✶♃	G		08 13	♀±Ψ		Mo	10 16	☽□♂	G	27	02 41	☽✶♃	b
	02 09	☽□Ψ	B		19 09	♀‖♀			15 08	☽‖♇	B		13 41	☽✶♀	B	Tu	05 28	☽♃♀	G
	06 49	☽✶♇	g		21 06	♃♃♀			15 48	☽□♀	b		14 57	☽‖h			06 48	☽✶♀	G
	09 25	☽∠h	b		22 29	♀□♃			19 43	☽‖⊙	G		16 27	☽‖♀	B		15 01	☽♃⊙	b
	10 43	☽□♅	b		22 51	⊙♃h			20 35	♀✶			16 30	☽△♀	B		20 47	♂♃Ψ	D
	13 05	☽♃		4	00 32	☽∠♀	b		21 01	☽‖♀	B		18 06	☽□♀	b	28	01 12	♀✶	
	16 33	☽✶♃	G	Su	00 50	♂♃♃	G		22 32	♀♃h			19 17	♀✶♀		We	01 13	☽✶♇	G
	18 40	☽♃⊙	B		01 40	♂♃h		12	03 10	☽□♅	B		21 08	☽✶			01 37	☽∠h	b
	20 21	♂□♅			05 00	☽△		Mo	05 44	☽♃♀	b		22 32	☽□♃	B		01 45	☽∠Ψ	b
25	09 35	☽✶h	g		05 44	☽□♀	B		07 24	☽∠♀		20	04 53	☽‖⊙	B		09 10	☽∠♀	b
Fr	11 04	☽△♅	b		05 54	☽♃♃	G		11 14	☽♃♀	G	Tu	09 38	☽✶♅	B		09 58	☽Y	
	16 53	☽∠♃	b		09 19	♃‖♀			12 29	♂♃♀	G		14 30	☽✶♀	b		09 59	♀✶♃	g
	19 18	Ψstat			13 06	☽□h	B		14 56	☽✶⊙	g		15 31	☽✶h	B		11 42	☽✶♃	D
26	02 51	☽✶Ψ	G		14 26	☽✶⊙	G		19 45	♀△♃			18 15	☽‖♇	B		12 11	☽‖Ψ	G
Sa	07 35	☽♂♇	D						22 33	♀±♆	B		19 06	☽♃♀	b		12 43	♃♀	G
	12 49	☽♃♀	B					13	06 44	☽‖♀	G		20 15	☽△⊙	G	29	05 53	☽✶h	G
	14 08	☽♀						Tu	08 30	☽mp		21	02 10	♀□♃		Th	09 22	♀⊥♀	
									09 32	☽‖♂	B								
									11 00	☽♃♃	B								

	13 42	♂ # ♃	
	13 51	☽ ⊻ ♅	g
	14 18	☽ ⚼ ♂	b
	14 23	☽ ∠ ♃	b
	15 50	♂ ☍ ♃	
	20 32	♂ ♍	
	22 41	☽ # ♆	D
30 Fr	06 03	☽ ⊻ ♆	g
	10 21	☽ ⚼ ♀	b
	10 44	☽ □ ♇	B
	12 11	☉ # ♄	
	14 07	♀ ⚼ ♇	
	16 27	♀ ▽ ♄	
	19 38	☽ ✱ ♃	G
	20 08	☽ ♉	
	20 28	☉ ⚼ ♆	
	21 26	☽ △ ♂	G
	21 54	☽ ∥ ♀	G
31 Sa	10 24	☽ □ ☿	B
	11 54	☽ ∠ ♆	b
	13 16	☽ □ ☉	B
	14 20	☽ ∥ ♂	B
	16 48	☽ □ ♄	B
	17 12	☽ # ♃	G
	18 51	☿ ⚼ ♆	
	19 36	♂ ± ♇	
	19 41	☽ △ ♀	G

AUGUST

1 Su	01 34	☽ ☌ ♅	B
	10 40	☽ ∥ ♅	B
	14 07	☉ ☌ ☿	
	18 13	☽ ✱ ♆	G
	21 50	☿ ☍ ♄	
	22 19	☽ ∥ ☉	G
	23 01	☽ △ ♇	G
2 Mo	02 32	☽ # ♄	B
	06 14	☉ ☍ ♄	
	07 03	☽ ∥ ☿	G
	07 41	☽ □ ♃	B
	08 46	☽ ♊	
	13 30	☽ □ ♂	B
3 Tu	05 19	☽ △ ♄	G
	05 27	☽ ⚼ ♇	b
	06 53	♀ △ ♅	
	07 30	☽ ✱ ☉	G
	10 42	☽ # ♇	D
	11 17	☿ # ♄	
	12 12	☽ ✱ ☿	G
	14 34	☽ ⊻ ♅	g
	15 25	☽ □ ♀	B
4 We	01 57	☿ □ ♅	
	06 55	☽ □ ♆	B
	10 00	♀ ± ♄	
	11 21	☽ ⚼ ♄	b
	16 19	☽ ∠ ☉	b
	19 38	☽ △ ♃	G
	20 41	☽ ∠ ♅	b
	21 17	☽ ♋	
5 Th	00 27	☽ ∠ ☿	b
	02 43	☿ ± ♆	
	04 43	☿ ⊻ ♀	
	05 12	☽ ✱ ♂	G
6 Fr	00 24	☽ ⊻ ☉	g
	00 51	☽ ⚼ ♃	b
	02 12	☽ ✱ ♅	G
	09 17	☽ ✱ ♀	G
	11 31	☽ ⊻ ☿	g
	12 04	☽ ∠ ♂	b
	16 20	☉ ∥ ☿	
	17 43	☽ △ ♆	G
	22 12	☽ ☍ ♇	B
	23 57	☉ □ ♅	
7 Sa	07 31	☽ ♌	
	15 59	☿ ∥ ♅	
	16 50	☽ ∠ ♀	b
	18 04	☽ ⊻ ♂	g
	20 37	☽ # ♇	D
	22 03	☽ ⚼ ♆	b
8 Su	01 50	☽ ☍ ♄	B
	02 24	☿ ▽ ♆	
	11 04	☽ □ ♅	B
	13 50	☽ ☌ ☉	D
	22 41	☉ ∥ ♅	
	23 24	☽ ⊻ ♀	g
9 Mo	01 22	☽ # ♄	B
	01 34	☉ ± ♆	
	05 45	☽ ☌ ☿	G
	07 03	☿ ▽ ♇	
	12 23	☽ ☍ ♃	B
	14 56	☽ ♍	
	16 19	☽ ∥ ♅	B
	17 16	♀ # ♆	
	17 30	☽ ∥ ☉	G
10 Tu	00 20	♀ ☍ ♆	
	00 22	☽ ∥ ☿	G
	03 42	☽ ☌ ♂	B
	06 00	☽ # ♃	G
	08 53	☽ ⚼ ♇	b
	17 19	☽ △ ♅	G
	21 23	☽ ∥ ♂	B
11 We	00 03	☽ ⊻ ☉	g
	01 20	☿ ☍ ♃	
	07 16	☽ ☍ ♆	B
	10 15	☽ ☌ ♀	G
	10 30	☽ ⚼ ♄	b
	11 22	☽ △ ♇	G
	12 59	♀ ⚼ ♄	
	14 11	☿ # ♃	
	19 43	☽ ⚼ ♅	b
	19 51	☽ ⊻ ☿	g
	20 08	☽ ♎	
	21 21	☽ # ♆	D
	21 57	☿ ♍	
	22 46	♀ △ ♇	
12 Th	02 20	☽ ∥ ♀	G
	04 19	☽ ∠ ☉	b
	10 31	☿ ± ♇	
	11 03	☽ ⊻ ♂	g
	12 32	☽ △ ♄	G
	19 02	☽ ⚼ ♃	b
	22 40	☽ # ♀	G
13 Fr	01 54	☽ ∠ ☿	b
	05 23	☽ ∥ ♆	D
	08 13	☽ ✱ ☉	G
	14 12	☽ ∠ ♂	b
	15 20	☽ □ ♇	B
	16 27	♂ ▽ ♄	
	19 10	☽ ⊻ ♀	g
	20 39	☽ △ ♃	G
14 Sa	00 01	☽ ♏	
	01 27	☽ # ♂	B
	02 55	☉ ⊥ ♀	
	07 33	☽ ✱ ☿	G
	10 36	☽ # ☿	G
	10 58	♀ ▽ ♃	
	13 01	☽ ⚼ ♆	b
	14 32	♂ ⚼ ♇	
	15 54	☽ □ ♄	B
	17 08	☽ ✱ ♂	G
	20 20	☽ ∥ ♃	G
	23 13	☽ ∠ ♀	b
	23 43	☽ # ☉	G
15 Su	01 18	☽ ☍ ♅	B
	04 13	☉ ▽ ♆	
	08 18	☽ # ♅	B
	14 33	☽ △ ♆	G
	15 20	☽ □ ☉	B
	18 32	☽ ✱ ♇	G
	22 54	☽ ∥ ♄	B
	23 23	☽ □ ♃	B
16 Mo	00 06	♀ ⚼ ♅	
	03 05	☽ ✱ ♀	G
	03 12	☽ ♐	
	04 27	♀ ♎	
	17 57	☽ □ ☿	B
	18 40	☽ ✱ ♄	G
	19 57	☽ ∠ ♇	b
	22 31	☽ □ ♂	B
	23 35	☿ ▽ ♄	
17 Tu	00 30	☽ ∥ ♇	D
	00 37	☉ # ♃	
	10 08	☿ ⚼ ♇	
	13 31	☉ ▽ ♇	
	17 19	☽ □ ♆	B
	19 55	☽ ∠ ♄	b
	21 17	☽ ⊻ ♇	g
	21 51	☽ △ ☉	G
18 We	01 43	☽ ✱ ♃	G
	05 37	☽ ⚼ ♅	b
	05 58	☽ ♑	
	10 27	☽ □ ♀	B
	21 08	☽ ⊻ ♄	g
19 Th	00 17	☿ ∥ ♂	
	00 41	♀ ± ♃	
	01 03	☽ ⚼ ☉	b
	02 50	☽ ∠ ♃	b
	03 28	☿ ☌ ♂	
	03 37	☽ △ ♂	G
	03 38	☽ △ ☿	G
	06 59	☽ △ ♅	G
	19 59	☽ ✱ ♆	G
	23 59	☽ ☌ ♇	D
20 Fr	00 28	☉ ☍ ♃	
	01 41	♅ Stat	
	04 03	☽ ⊻ ♃	g
	06 16	☽ ⚼ ♂	b
	08 06	☿ △ ♅	
	08 30	☽ ⚼ ☿	b
	08 49	☽ ♒	
	09 16	☿ ± ♄	
	18 01	☽ △ ♀	G
	20 26	☽ ∥ ♇	D
	21 32	☽ ∠ ♆	b
	23 55	☽ ☌ ♄	B
21 Sa	10 11	☽ □ ♅	B
	22 11	☽ ∥ ♄	B
	22 18	☽ ⚼ ♀	b
	23 24	☽ ⊻ ♆	g
22 Su	03 32	☽ ⊻ ♇	g
	05 04	♂ ± ♄	
	06 38	♂ △ ♅	
	07 19	☽ ☌ ♃	G
	12 02	☽ ☍ ☉	B
	12 42	☽ ♓	
	13 57	☽ # ♅	B
	21 35	☉ ♍	
23 Mo	00 39	☽ ∥ ♃	G
	04 07	☽ ⊻ ♄	g
	06 02	☽ ∠ ♇	b
	11 53	☽ # ☉	G
	12 48	♀ △ ♄	
	15 04	☽ ✱ ♅	G
	15 23	♀ ± ♅	
	16 13	☉ ± ♇	
	16 43	☽ ☍ ♂	B
	20 51	☿ # ♆	
24 Tu	02 03	☽ ☍ ☿	B
	04 50	☽ ☌ ♆	D
	07 08	☽ ∠ ♄	b
	09 12	☽ ✱ ♇	G
	09 43	☽ # ♂	B
	12 13	☿ # ♀	
	12 43	☽ ⊻ ♃	g
	18 33	☽ ∠ ♅	b
	18 57	☽ ♈	
	19 26	☽ ∥ ♆	D
	20 43	☽ ∥ ♀	G
	22 55	☽ # ☿	G
25 We	01 14	☿ ☍ ♆	
	10 56	♀ ∥ ♆	
	10 58	☽ ✱ ♄	G
	15 57	☽ ☍ ♀	B
	16 34	☽ ∠ ♃	b
	19 41	☿ ⚼ ♄	
	21 59	♀ ⚼ ♃	
	22 51	☽ ⊻ ♅	g
26 Th	00 23	☽ ∥ ☿	G
	05 27	☽ ⚼ ☉	b
	07 29	☽ # ♆	D
	09 37	☽ # ♀	G
	13 21	☽ ⊻ ♆	g
	14 23	☿ △ ♇	
	14 59	☽ ∥ ♂	B
	18 02	☽ □ ♇	B
	21 14	☽ ✱ ♃	G
27 Fr	04 27	☽ ♉	
	10 21	☽ ∥ ☉	G
	10 31	☽ ⚼ ♂	b
	13 19	☽ △ ☉	G
	15 05	☿ ▽ ♃	
	18 50	☽ ∠ ♆	b
	21 04	☽ □ ♄	B
28 Sa	00 31	♀ # ♂	
	04 25	☽ ⚼ ☿	b
	06 45	☽ # ♃	G
	09 52	☽ ☌ ♅	B
	17 27	☽ ∥ ♅	B
	17 43	♀ ▽ ♅	
	18 14	☽ △ ♂	G
29 Su	00 56	☽ ✱ ♆	G
	05 50	☽ △ ♇	G
	08 36	☽ □ ♃	B
	12 23	☽ # ♄	B
	14 59	☽ △ ☿	G
	16 42	☽ ♊	
	18 41	☽ ⚼ ♀	b
30 Mo	00 59	☿ ⚼ ♅	
	05 10	☿ ♎	
	07 13	☽ □ ☉	B
	09 26	☽ △ ♄	G
	12 17	☽ ⚼ ♇	b
	17 39	☽ # ♇	D
	22 40	☽ ⊻ ♅	g
31 Tu	04 30	☽ △ ♀	G
	08 46	☉ ▽ ♄	
	10 36	☽ □ ♂	B
	10 59	☿ ± ♃	
	13 41	☽ □ ♆	B
	15 41	☽ ⚼ ♄	b
	20 48	☽ △ ♃	G

SEPTEMBER

1 We	04 54	☽ ∠ ♅	b
	05 26	☽ ♋	
	11 46	☽ □ ☿	B
	19 37	♂ # ♆	
	20 03	☉ ⚼ ♇	
	23 19	☉ # ♀	
2 Th	00 52	☽ ✱ ☉	G
	02 22	☽ ⚼ ♃	b
	10 33	☽ ✱ ♅	G
	17 43	♂ ☍ ♆	
	22 24	☽ □ ♀	B
3 Fr	00 52	☽ △ ♆	G
	01 16	☽ ✱ ♂	G
	05 37	☽ ☍ ♇	B
	08 29	☽ ∠ ☉	b
	15 58	☽ ♌	
	22 47	☿ # ♂	
4 Sa	00 13	♀ ▽ ♆	
	01 45	♂ ⚼ ♄	
	04 45	☽ ✱ ☿	G
	04 48	☽ # ♇	D
	05 16	☽ ⚼ ♆	b
	06 55	☽ ☍ ♄	B
	07 12	☽ ∠ ♂	b
	14 59	☽ ⊻ ☉	g
	19 23	☽ □ ♅	B
	20 32	☿ ∥ ♆	
5 Su	01 30	☿ △ ♄	
	06 58	☽ # ♄	B
	11 18	☽ ∠ ☿	b
	11 58	☽ ✱ ♀	G
	12 07	☽ ⊻ ♂	g
	14 22	☽ ☍ ♃	B
	15 26	♀ ⊻ ♂	
	16 09	☿ ± ♅	
	23 06	☽ ♍	
6 Mo	00 36	☽ ∥ ♅	B
	03 07	♀ □ ♇	
	05 18	☉ ± ♄	
	08 07	☽ # ♃	G
	12 20	♂ △ ♇	
	13 05	♀ △ ♃	
	15 56	☽ ⚼ ♇	b
	16 41	☽ ⊻ ☿	g
	17 08	☽ ∠ ♀	b
	17 28	☿ ⚼ ♃	
7 Tu	00 52	☽ ☌ ☉	D
	00 54	☽ △ ♅	G
	01 29	☉ △ ♅	
	01 39	☽ # ♀	G
	03 50	♂ ▽ ♃	
	11 58	☉ # ☿	
	13 34	☽ ☍ ♆	B
	14 57	☽ ⚼ ♄	b
	17 56	☽ △ ♇	G
	19 24	☽ ☌ ♂	B
	19 46	☽ # ☿	G
	21 08	☽ ∥ ☉	G
	21 29	☽ ⊻ ♀	g
8 We	02 44	☽ ⚼ ♅	b
	03 00	☽ # ♆	D
	03 20	☽ ♎	

	10 02	☽∥♂	B
	16 29	☽△♄	G
	19 56	☽⚼♃	b
9 Th	01 01	☽☌☿	G
	01 39	♀±♆	
	04 31	☽#♂	B
	07 57	☽⊻☉	g
	12 18	☽∥♆	D
	15 23	☽#☉	G
	20 48	☽□♇	B
	21 03	☽△♃	G
10 Fr	00 24	☽∥☿	G
	00 40	☽⊻♂	g
	04 48	☽☌♀	G
	06 05	☽♏	
	11 03	☽∠☉	b
	16 17	☿⚻♅	
	17 39	☽⚼♆	b
	18 53	☽□♄	B
	20 27	☽∥♀	G
	20 39	♀♏	
11 Sa	03 05	☽∠♂	b
	06 21	☽∥♃	G
	06 37	☽☍♅	B
	07 49	☽⊻☿	g
	10 06	♃⊻♇	
	12 26	☽#♅	B
	14 08	☽✱☉	G
	15 46	☉#♆	
	18 50	☽△♆	G
	23 08	☽□♃	B
	23 13	☽✱♇	G
12 Su	05 24	☽∥♄	B
	05 33	☽✱♂	G
	08 34	☽♐	
	11 07	☽∠☿	b
	11 45	☽⊻♀	g
	21 18	☽✱♄	G
13 Mo	00 33	☽∠♇	b
	04 44	☽∥♇	D
	14 31	☽✱☿	G
	15 26	☽∠♀	b
	20 39	☽□☉	B
	21 33	☽□♆	B
	22 43	☽∠♄	b
14 Tu	01 38	☽✱♃	G
	02 03	☽⊻♇	g
	06 57	♂⚼♅	
	09 21	☉☍♆	
	10 46	☽⚼♅	b
	10 57	☽□♂	B
	11 34	☽♑	
	19 21	☽✱♀	G
15 We	00 14	♂♎	
	00 19	☽⊻♄	g
	01 14	☉⚼♄	
	03 09	☽∠♃	b
	03 10	♂±♃	
	12 31	☽△♅	G
	21 41	☽□☿	B
16 Th	01 01	☽✱♆	G
	03 32	♀∥♃	
	04 07	☽△☉	G
	04 54	☽⊻♃	g
	05 40	☽☌♇	D
	14 18	☉⚻♃	
	15 23	☽♒	
	17 11	♀⚼♆	
	17 19	☽△♂	G
17 Fr	01 53	☉△♇	
	03 07	☽∠♆	b
	03 36	☽∥♇	D
	04 03	☽□♀	B
	04 14	☽☌♄	B
	06 15	♀□♄	
	08 18	☽⚼☉	b
	11 41	♀⊥♂	
	16 45	☽□♅	B
	20 58	☽⚼♂	b
18 Sa	03 46	☽∥♄	B
	04 18	☿⚻♆	
	05 32	☽⊻♆	g
	05 36	☽△☿	G
	09 14	☽☌♃	G
	10 21	☽⊻♇	g
	16 18	♀#♅	
	20 22	☽♓	
	21 55	☽∥♀	G
	22 26	☽#♅	B
19 Su	03 29	☽∥♃	G
	09 27	☽⊻♄	g
	10 00	☽⚼☿	b
	13 17	☽∠♇	b
	14 26	☽△♀	G
	17 01	☽∥☿	G
	22 26	☽✱♅	G
20 Mo	11 39	☽☌♆	D
	12 47	☽∠♄	b
	15 15	☽⊻♃	g
	16 45	☽✱♇	G
	19 19	☉#♂	
	20 35	☽⚼♀	b
	22 53	☿△♃	
	23 55	☽☍☉	B
21 Tu	02 04	☽∠♅	b
	02 09	☽∥♆	D
	03 13	☽♈	
	11 02	☽☍♂	B
	16 14	♀Q♇	
	16 43	☽✱♄	G
	16 46	☽∥♂	B
	19 08	☽∠♃	b
	19 29	☽#☉	G
	22 36	☽∥☉	G
22 We	01 59	☽#♂	B
	03 32	☉⚼♅	
	05 26	☉±♃	
	06 20	☽⊻♅	g
	13 12	☿□♇	
	16 31	☽#♆	D
	19 21	☉♎	
	20 11	☽⊻♆	g
	23 42	☽✱♃	G
23 Th	01 37	☽□♇	B
	02 05	☽☍☿	B
	09 41	♀☍♅	
	12 38	☽♉	
24 Fr	01 29	☽∠♆	b
	02 40	☽□♄	B
	09 29	☽#☿	G
	16 56	☽☌♅	B
	18 56	☽#♃	G
	20 16	☽☍♀	B
	22 33	☽⚼☉	b
	23 26	☽∥♅	B
25 Sa	07 23	☽✱♆	G
	07 48	☽⚼♂	b
	10 49	☽□♃	B
	13 09	☽△♇	G
	16 43	☽#♀	G
	20 54	☽#♄	B
	21 50	♂△♄	
26 Su	00 36	☽♊	
	07 35	☽△☉	G
	14 57	☽△♄	G
	15 59	☽△♂	G
	19 36	☽⚼♇	b
	21 54	☽⚼☿	b
	23 58	☽#♇	D
27 Mo	05 09	☿Stat	
	05 32	☽⊻♅	g
	09 44	♂⚼♃	
	10 05	♀∥♄	
	15 36	♂±♅	
	20 11	☽□♆	B
	21 25	☽⚼♄	b
	23 25	☽△♃	G
28 Tu	04 18	☽△☿	G
	11 55	☽∠♅	b
	13 34	☽♋	
29 We	00 58	☽⚼♀	b
	01 57	☽□☉	B
	05 31	☽⚼♃	b
	08 17	☽□♂	B
	16 14	♀△♆	
	17 54	☽✱♅	G
	22 19	☉△♄	
30 Th	08 06	☽△♆	G
	09 44	☽△♀	G
	13 54	☽☍♇	B
	14 49	☽□☿	B
	19 06	☉⚼♃	
	23 31	♀□♃	
OCTOBER			
1 Fr	00 53	☽♌	
	01 40	☉±♅	
	12 58	☽⚼♆	b
	14 10	☽☍♄	B
	14 26	☿□♇	
	14 55	☽#♇	D
	17 34	☽✱☉	G
	21 46	☽✱♂	G
2 Sa	01 56	☿⊻♀	
	03 32	☽□♅	B
	04 57	☽#♀	G
	07 48	♀✱♇	
	11 23	☉∠♀	
	15 42	☽#♄	B
	19 29	☽☍♃	B
	20 57	☽✱☿	G
	21 08	♀Q♄	
	23 35	☽∠☉	b
	23 43	☽□♀	B
3 Su	02 50	☽∠♂	b
	06 03	☉∥♂	
	08 38	☽♍	
	11 39	☽∥♅	B
	14 29	☽#♃	G
	22 21	☽∠☿	b
4 Mo	00 05	☿△♃	
	01 09	☽⚼♇	b
	04 23	☽⊻☉	g
	05 39	☽#☿	G
	06 47	☽⊻♂	g
	09 19	☽△♅	G
	12 26	☉∥♆	
	21 48	☽☍♆	B
	22 48	☽⊻☿	g
	22 57	☽⚼♄	b
5 Tu	03 03	☽△♇	G
	03 18	♂∥♆	
	05 50	☿⊥♀	
	08 46	☽✱♀	G
	09 55	☽#☉	G
	10 55	☽#♂	B
	10 56	☽⚼♅	b
	11 13	☽#♆	D
	12 41	☽♎	
	13 53	☿⚻♆	
6 We	00 16	☽△♄	G
	01 23	☽⚼♃	b
	09 27	♂⚻♅	
	11 05	☽☌☉	D
	11 57	☽∠♀	b
	12 04	☽☌♂	B
	15 44	♀∠♂	
	18 29	♇Stat	
	21 40	☽☌☿	G
	21 53	☽∥♆	D
	23 11	☉⚻♅	
	23 39	☽∥♂	B
7 Th	01 30	☽∥☉	G
	02 08	☽△♃	G
	05 03	☽□♇	B
	11 21	♀♐	
	14 22	☽♏	
	14 37	☽⊻♀	g
	17 34	☽∥☿	G
8 Fr	00 26	☽⚼♆	b
	01 37	☽□♄	B
	02 42	♀∥♇	
	04 01	☉☌♂	
	13 00	☽☍♅	B
	15 32	☽⊻♂	g
	15 49	☽⊻☉	g
	16 04	☽∥♃	G
	18 09	☽#♅	B
	19 10	☽⊻☿	g
9 Sa	00 53	☽△♆	G
	03 04	☽□♃	B
	06 05	☽✱♇	G
	07 38	☿∠♀	
	12 17	☽∥♄	B
	15 24	☽♐	
	16 18	☉☌☿	
	17 14	☽∠♂	b
	17 53	☽∠☿	b
	18 08	☽∠☉	b
	19 37	☽☌♀	G
	22 48	☿☌♂	
10 Su	02 43	☽✱♄	G
	06 45	☽∠♇	b
	09 49	☽∥♇	D
	15 12	☽∥♀	G
	16 49	☽✱☿	G
	19 12	☽✱♂	G
	20 45	☽✱☉	G
11 Mo	02 17	♄Stat	
	02 17	☽□♆	B
	03 37	☽∠♄	b
	04 30	☽✱♃	G
	05 33	☉∥☿	
	07 42	☽⊻♇	g
	15 08	☽⚼♅	b
	17 15	☽♑	
12 Tu	01 43	☽⊻♀	g
	04 54	☽⊻♄	g
	04 54	☿∥♂	
	05 29	☿⚻♅	
	05 46	☽∠♃	b
	15 51	☽□☿	B
	16 34	☽△♅	G
13 We	00 27	☽□♂	B
	03 25	☽□☉	B
	05 11	☽✱♆	G
	05 35	☽∠♀	b
	07 30	☽⊻♃	g
	10 53	☽☌♇	D
	19 26	♀✱♄	
	20 47	☽♒	
	20 50	☽∥♀	G
14 Th	03 32	☉⚻♆	
	07 21	☽∠♆	b
	08 54	☽☌♄	B
	10 03	☽✱♀	G
	10 17	☽∥♇	D
	17 09	☽△☿	G
	20 52	☽□♅	B
	21 28	☿∥♆	
15 Fr	07 57	☽△♂	G
	09 47	☽∥♄	B
	10 02	☽⊻♆	g
	11 46	☉△♃	
	12 29	☽☌♃	G
	12 33	☽△☉	G
	16 05	☽⊻♇	g
	18 53	☽⚼☿	b
16 Sa	02 22	♀∠♇	
	02 22	☽♓	
	06 24	☽#♅	B
	08 10	☽∥♃	G
	12 38	☽⚼♂	b
	14 59	☽⊻♄	g
	18 06	☽⚼☉	b
	19 28	☽∠♇	b
	20 59	☽□♀	B
17 Su	00 32	♂⚻♆	
	00 48	♀Q♃	
	01 23	☿✱♀	
	03 14	☽✱♅	G
	11 06	☽∥☉	G
	12 12	☉□♇	
	17 00	☽☌♆	D
	18 14	☽∥♂	B
	18 50	☽∠♄	b
	19 37	☽⊻♃	g
	23 24	☽✱♇	G
18 Mo	05 30	♃Stat	
	07 14	☽∠♅	b
	08 02	☽∥♆	D
	10 04	☽♈	
	14 39	☽∥☿	G
	15 17	☿Stat	
	23 15	☽✱♄	G
19 Tu	00 01	☽∠♃	b
	02 36	♂△♃	
	05 26	☽☍☿	B
	10 40	☽△♀	G
	11 46	☽⊻♅	g
	17 11	☽#☿	G
	23 15	♀⚻♅	
20 We	00 51	☽#♆	D
	01 34	☉±♆	
	02 09	☽⊻♆	g

	04 59	☽✱♃	G
	06 28	☽☍♂	B
	08 56	☽□♇	B
	14 57	☽☍☉	B
	18 34	☽⚻♀	b
	18 35	☽#♂	B
	19 59	☽♉	
21	04 55	☽#☉	G
Th	07 32	☽∠♆	b
	09 45	☽□♄	B
	22 28	☽☌♅	B
22	03 07	☽#♃	G
Fr	04 19	♂□♇	
	04 45	☽∥♅	B
	13 26	☽✱♆	G
	16 32	☽□♃	B
	20 35	☽△♇	G
23	01 32	☽⚻☿	b
Sa	03 34	☽#♄	B
	04 51	☉♏	
	07 57	☽♊	
	22 12	☽△♄	G
24	03 01	☽⚻♇	b
Su	05 47	☽⚻♂	b
	06 01	☽#♇	D
	10 17	☽△☿	G
	10 54	☽⚺♅	g
	17 33	☽⚻☉	b
	17 45	☿▽♅	
	17 51	♀⊥♇	
	21 42	☽☍♀	B
25	02 14	☽□♆	B
Mo	04 48	☽⚻♄	b
	05 33	☽△♃	G
	13 01	♀±♅	
	14 11	☽△♂	G
	17 21	☽∠♅	b
	18 28	♂±♆	
	21 00	☽♋	
26	02 54	☽△☉	G
Tu	12 06	☽⚻♃	b
	23 37	☽✱♅	G
27	01 06	♀□♆	
We	05 10	☽□☿	B
	14 48	☽△♆	G
	22 08	☽☍♇	B
28	03 39	☿∥♆	
Th	06 02	☽□♂	B
	09 07	☽☊	
	10 02	♀∠♄	
	19 15	♀✱♃	
	20 05	☽□☉	B
	20 16	☽⚻♆	b
	22 19	☉⚻♆	
	23 03	☽☍♄	B
29	00 10	☽⚻♀	b
Fr	00 53	☽#♇	D
	10 25	☽□♅	B
	22 32	☽✱☿	G
30	02 06	☽#♄	B
Sa	04 24	☽☍♃	B
	07 05	☽△♀	G
	09 53	☉□♄	
	14 21	♂♏	
	17 54	♀⚺♇	
	18 09	☽♍	
	18 22	☽✱♂	G
	19 40	☿▽♆	
	23 27	☽∥♅	B
31	00 55	☽#♃	G
Su	05 05	☽#☉	G
	05 34	☽∠☿	b
	08 58	☽✱☉	G
	11 19	☽⚻♇	b
	17 33	☽△♅	G
	18 10	☽#♂	B
	22 46	☽∠♂	b

NOVEMBER

1	04 18	☿△♃	
Mo	07 05	☽☍♆	B
	09 52	☽⚻♄	b
	11 18	☽⚺☿	g
	11 57	☽#☿	G
	13 28	☽∠☉	b
	13 43	☽△♇	G
	17 00	☽□♀	B
	19 37	☽⚻♅	b
	21 08	☽#♆	D
	23 11	☽♎	
2	02 02	☽⚺♂	g
Tu	09 39	☿□♇	
	11 31	☽△♄	G
	12 14	☽⚻♃	b
	16 51	☽⚺☉	g
	18 33	☉∥♃	
3	05 10	♀⚻♅	
We	09 25	☽∥♆	D
	13 08	☽△♃	G
	15 57	☽□♇	B
	17 38	☉#♅	
	18 52	☿±♆	
	19 27	☽☌☿	G
	22 32	☽✱♀	G
	23 48	☽∥☿	G
4	00 52	☽♏	
Th	05 55	☽☌♂	B
	09 55	☽⚻♆	b
	12 46	☽□♄	B
	14 01	☽∥♂	B
	17 39	☉Q♇	
	21 15	☽☌☉	D
	21 26	☽☍♅	B
	23 58	☉☍♅	
5	00 18	☽∠♀	b
Fr	01 13	☽∥♃	G
	02 38	☽#♅	B
	04 38	☽∥☉	G
	09 53	☽△♆	G
	10 44	♀♑	
	13 33	☽□♃	B
	16 10	☽✱♇	G
	20 48	☽∥♄	B
	22 35	☿♏	
6	00 52	☽♐	
Sa	01 09	☽⚺☿	g
	01 49	☽⚺♀	g
	08 06	☽⚺♂	g
	12 46	☽✱♄	G
	15 59	☿✱♀	
	16 06	☽∠♇	b
	17 55	☽∥♇	D
7	00 23	♀⊥♄	
Su	00 32	☽⚺☉	g
	03 58	☽∠☿	b
	09 16	☽∠♂	b
	09 46	☽□♆	B
	12 54	☽∠♄	b
	13 44	☽✱♃	G
	16 14	☽⚺♇	g
	20 23	♂⚻♆	
	21 15	☽⚻♅	b
8	01 03	☽♑	
Mo	02 31	☽∠☉	b
	05 19	☽☌♀	G
	07 13	☽✱☿	G
	10 49	☽✱♂	G
	13 25	☽⚺♄	g
	14 18	☽∠♃	b
	21 48	☽△♅	G
9	05 06	☽✱☉	G
Tu	09 34	☿⚻♆	
	11 01	☽✱♆	G
	15 26	☽⚺♃	g
	17 51	☽☌♇	D
10	03 03	☽♒	
We	11 04	☽⚺♀	g
	12 33	☽∠♆	b
	12 56	☿☌♂	
	15 54	☽□♂	B
	16 08	☽□☿	B
	16 14	☽☌♄	B
	17 04	☿□♄	
	17 28	☽∥♇	D
	23 14	♂□♄	
11	00 45	☽□♅	B
Th	12 46	☽□☉	B
	14 51	☽⚺♆	g
	15 13	☽∠♀	b
	17 19	☽∥♄	B
	19 52	☽☌♃	G
	22 13	☽⚺♇	g
12	01 09	☽∥☉	G
Fr	07 54	☽♓	
	14 05	☽#♅	B
	16 12	☽∥♃	G
	16 23	☉△♆	
	19 12	☽∥♂	B
	19 24	☽∥☿	G
	20 18	☽✱♀	G
	22 05	☽⚺♄	g
	22 08	☿∥♂	
13	00 28	☽△♂	G
Sa	01 34	☽∠♇	b
	05 23	☽△☿	G
	06 44	☽✱♅	G
	15 57	☿☍♅	
	19 30	☿Q♇	
	20 26	☿∥♃	
	21 46	☽☌♆	D
14	00 19	☽△☉	G
Su	00 43	♀⚺♄	
	02 11	☽∠♄	b
	03 29	☽⚺♃	g
	05 40	☽✱♇	G
	06 06	☽⚻♂	b
	10 50	☽∠♅	b
	13 21	☽∥♆	D
	13 41	☽⚻☿	b
	14 27	☿#♅	
	15 48	☽♈	
	18 45	♀Q♆	
	21 44	♀∠♃	
15	05 12	♂∥♃	
Mo	06 59	☽✱♄	G
	07 28	☽⚻☉	b
	08 24	☽∠♃	b
	09 06	☽□♀	B
	15 36	☽⚺♅	g
	19 58	☉□♃	
16	07 29	☽⚺♆	g
Tu	07 51	☽#♆	D
	13 55	☽✱♃	G
	15 51	☽□♇	B
	21 01	☉✱♇	
17	02 18	☽♉	
We	06 42	♂#♅	
	06 57	☉∥♄	
	13 09	☽∠♆	b
	17 23	♂☍♅	
	18 19	☽□♄	B
18	00 39	☽△♀	G
Th	02 44	☽☌♅	B
	03 20	☽☍♂	B
	05 12	☉Q♄	
	06 36	☽#♃	G
	09 30	☽∥♅	B
	10 38	♂Q♇	
	10 57	☽#♂	B
	15 38	☿△♆	
	19 14	☽✱♆	G
	19 48	☽☍☿	B
	23 31	☽#☿	G
19	02 23	☽□♃	B
Fr	03 57	☽△♇	G
	06 08	♀△♅	
	08 10	☽#♄	B
	08 57	☽☍☉	B
	09 05	☽⚻♀	b
	11 43	☽#☉	G
	14 33	☽♊	
	15 25	☉∠♀	
20	07 12	☽△♄	G
Sa	10 26	☽⚻♇	b
	11 53	☽#♇	D
	15 14	☽⚺♅	g
	23 43	☿□♃	
21	08 05	☽□♆	B
Su	09 14	☿✱♇	
	13 54	☽⚻♄	b
	15 52	☽△♃	G
	16 09	☿∥♄	
	21 39	☽∠♅	b
22	02 34	☉♐	
Mo	03 33	☽♋	
	04 10	☽⚻♂	b
	08 13	☿Q♄	
	09 09	☽#♀	G
	22 37	☽⚻♃	b
23	03 59	☽✱♅	G
Tu	05 22	☽⚻☿	b
	10 49	☽☍♀	B
	12 24	☽△♂	G
	12 50	☽⚻☉	b
	17 42	☽#♀	G
	20 50	☽△♆	G
24	05 46	☽☍♇	B
We	15 36	☿♐	
	15 58	☽☊	
	16 02	☽△☿	G
	21 34	☽△☉	G
25	02 42	☽⚻♆	b
Th	08 52	☽☍♄	B
	08 58	☽#♇	D
	15 32	☽□♅	B
	21 44	☉∥☿	
	23 09	☽#☿	G
	23 14	☽#☉	G
26	03 19	☽□♂	B
Fr	03 28	☿∠♀	
	12 18	☽#♄	B
	16 24	☽☍♃	B
	22 22	☽#♂	B
27	02 12	☽♍	
Sa	08 10	☽⚻♀	b
	09 32	☽∥♅	B
	10 28	☽□☿	B
	12 28	☽□☉	B
	13 31	☽#♃	G
	16 16	♃⚺♇	
	20 47	☽⚻♇	b
28	00 18	☽△♅	G
Su	13 15	☽△♀	G
	14 37	☽✱♂	G
	15 50	☽☍♆	B
	17 45	♀⊥♃	
	21 56	☽⚻♄	b
29	00 02	☽△♇	G
Mo	03 19	☽⚻♅	b
	04 39	☉☌☿	
	06 35	☽#♆	D
	08 55	☽♎	
	14 10	♂△♆	
	18 35	☽∠♂	b
	22 44	☽✱☉	G
	23 33	☽✱☿	G
30	00 24	☽△♄	G
Tu	02 46	☽⚻♃	b
	07 19	☿✱♄	
	19 56	☽□♀	B
	20 23	☿∥♇	
	20 30	☽∥♆	D
	20 46	♀✱♆	
	21 29	☽⚺♂	g
	23 14	☉✱♄	

DECEMBER

1	00 28	☿∠♇	
We	02 08	☽∠☉	b
	03 43	☽□♇	B
	04 06	☽∠☿	b
	04 20	☽△♃	G
	11 55	☽♏	
	13 24	♆Stat	
	20 47	☽⚻♆	b
2	01 12	☉∠♇	
Th	02 15	☿▽♅	
	02 43	☽□♄	B
	04 35	☽⚺☉	g
	07 01	☽☍♅	B
	07 36	☽⚺☿	g
	08 32	☽∥♃	G
	12 38	☽#♅	B
	20 58	☽△♆	G
	22 52	☽✱♀	G
3	00 45	☽☌♂	B
Fr	03 53	☽∥♂	B
	04 26	☽✱♇	G
	05 22	☽□♃	B
	05 57	☽∥♄	B
	08 32	☿Q♃	
	12 13	☽♐	
	15 14	☉▽♅	
	23 29	☽∠♀	b
4	01 00	☽∥☉	G

Sa	02 46	☽✱♄	G		23 27	☽∥♂	B	14	00 02	☽□♀	B		21 28	☿⊥♂		Tu	08 57	☽□☿	B
	04 10	☽∠♇	b	9	02 07	☽✱☿	G	Tu	00 16	☿⚺♂		21	02 47	☽⚼♂	b		12 19	☽□♀	B
	04 30	☽∥♇	D	Th	03 28	☽∥♄	B		02 52	☽✱♃	G	Tu	03 00	☽△♆	G		13 50	☽∠♂	b
	07 43	☽☌☉	D		05 15	☽⚺♀	g		08 11	☽♉			13 10	☽☍♇	B		14 06	☽□♇	B
	12 31	☽∥☿	G		06 34	☽⚺♇	g		10 20	☽△☿	G		14 44	☽☍♀	B		19 22	♂∠♇	
	12 43	☽☌☿	G		08 38	☉±♅			19 05	☽∠♆	b		14 44	☽#☿	G		21 11	☽△♃	G
	14 22	☽∥♀	G		08 53	☽☌♃	G	15	00 41	☽⚼☉	b		15 59	☉♑			21 16	☽♏	
	20 22	☽□♆	B		09 59	☽□♂	B	We	04 36	☽□♄	B		21 54	☽☊		29	01 04	♂⊽♅	
	23 55	☽⚺♀	g		14 53	☽♓			05 55	☽#♃	G	22	08 48	☽#☉	G	We	03 20	☿⊥♃	
5	01 35	☿∥♀			22 19	☽#♅	B		06 51	☽☌♅	B	We	08 50	☽⚼♆	b		04 09	♃♓	
Su	02 22	☽⚺♂	g	10	03 59	♂Q♄			13 59	☽∥♅	B		10 24	☽△♂	G		06 50	☽⚼♆	b
	02 30	☽∠♄	b	Fr	04 26	☽∥♃	G		21 04	☽⚼☿	b		12 01	☿∠♃			10 27	☿☌♀	
	03 50	☽⚺♇	g		08 18	☽⚺♄	g	16	01 21	☽✱♆	G		15 15	☽#♇	D		10 43	☽✱☉	G
	05 08	☽✱♃	G		08 34	☽∠♀	b	Th	10 42	☽#♄	B		19 28	☽☍♄	B		11 30	☽∥♃	G
	06 10	☽⚼♅	b		09 15	☽∠♇	b		11 29	☽△♇	G		19 50	☽□♅	B		12 20	☉∥☿	
	06 22	♂∥♄			09 45	☿∠♄			11 47	☿⊥♄		23	00 49	☽#♂	B		15 51	☽☍♅	B
	08 25	☿⊥♀			09 45	☉∥♀			13 14	☽△♀	G	Th	06 36	☽⚼☉	b		16 38	☽⚺♂	g
	11 31	☽♑			11 22	☽✱♅	G		16 08	☽□♃	B		09 26	☽#♀	G		16 58	☽□♄	B
	20 08	☿±♅			12 50	☿⚺♀			20 43	☽♊			21 44	☽#♄	B		21 37	☽#♅	B
6	00 12	☉Q♃			17 56	☿⚺♇		17	01 10	☽#♂	B	24	06 39	☽☍♃	B	30	00 22	♂✱♄	
Mo	02 25	☽⚺♄	g		22 36	☉⊥♀		Fr	01 56	☽☍♂	B	Fr	07 17	♄□♅		Th	01 48	♀⊥♃	
	03 18	☽∠♂	b	11	01 36	☽□☉	B		03 02	☉∠♄			07 25	♃Q♅			03 29	☉Q♆	
	05 10	☽∠♃	b	Sa	03 37	☉⊥♇			05 21	☉⚺♇			08 24	☽♍			07 51	☽△♆	G
	05 56	☽△♅	G		03 50	☽☌♆	D		07 22	☽#♀	G		12 01	☽⚼☿	b		09 54	☿☌♇	
	10 39	☽⚺☉	g		08 03	♀∥♇			17 16	☽#♇	D		14 05	☽△☉	G		12 58	☽∥♄	B
	11 41	♂✱♇			11 10	☿⚼♅			17 57	☽△♄	G		16 38	☽∥♅	B		13 19	☽✱♀	G
	17 53	☽⚺☿	g		12 05	☽∠♄	b		18 04	☽⚼♇	b		23 52	☽□♂	B		13 28	☽∠☉	b
	20 09	☽✱♆	G		12 52	☽✱♀	G		19 36	☽⚺♅	g	25	02 55	☽#♃	G		16 27	☽✱♇	G
	20 29	☿⊥♇			12 56	☽✱♇	G		19 59	☽⚼♀	b	Sa	04 45	☽⚼♇	b		16 45	☽∥♀	G
7	01 21	☽☌♀	G		15 00	☽∠♅	b		23 13	☽#☉	G		04 54	☽⚼♀	b		17 10	☽✱☿	G
Tu	03 56	☽☌♇	D		15 33	☽□☿	B		23 19	☉⚼♅			05 24	☽△♅	G		23 08	☽♐	
	04 42	☽✱♂	G		15 59	☽⚺♃	g	18	04 28	☉⚺♀			12 02	♀☌♇			23 42	☽□♃	B
	05 40	☽⚺♃	g		16 29	♀☌♇		Sa	14 24	☽□♆	B		20 08	☽△☿	G	31	01 18	☿∥♇	
	11 33	☽∥☿	G		19 15	☽∥♆	D		22 18	☽#☿	G		23 07	☽☍♆	B	Fr	12 52	☽∠♀	b
	11 48	☽♒			19 24	☿✱♃		19	00 42	☽⚼♄	b	26	08 12	☽△♀	G		13 24	☽∥♂	B
	12 51	☽∠☉	b		19 40	☽△♂	G	Su	02 01	☽∠♅	b	Su	08 39	☽△♇	G		13 30	☽∥☿	G
	15 16	☿□♆			21 46	☽♈			03 26	☿Q♆			09 12	☽⚼♅	b		14 21	☿∥♂	
	20 47	☽∠♆	b	12	06 21	☉□♆			04 35	☽☍☉	B		09 40	☽⚼♄	b		14 44	☽∥♇	D
	21 06	☽∥♀	G	Su	16 50	☽✱♄	G		06 02	☽△♃	G		13 57	☽#♆	D		15 31	☽⚺☉	g
	21 27	☽∠☿	b		19 34	☽⚺♅	g		09 42	☽♋			16 24	☽♎			16 44	☽∠♇	b
8	02 20	☽∥♇	D		21 01	☽∠♃	b		10 36	♀Stat			21 29	☿✱♆			17 23	☽∥☉	G
We	02 37	☽∥☉	G	13	02 10	☽⚼♂	b		14 33	♀∥♂			22 23	☉⊥♄			18 15	☽✱♄	G
	03 43	☽☌♄	B	Mo	09 53	♂♐		20	00 31	☉✱♃		27	02 24	☽□☉	B		19 57	☽∠☿	b
	06 21	♂□♃			13 16	☽⚺♆	g	Mo	06 25	☽☍☿	B	Mo	10 07	☽✱♂	G		20 01	☽☌♂	B
	07 01	☽□♅	B		13 36	☽#♆	D		08 17	☽✱♅	G		12 55	☽△♄	G		21 11	☿∠♂	
	11 30	☉∥♇			16 03	☽△☉	G		12 46	☽⚼♃	b		17 32	♀∠♂					
	15 56	☽✱☉	G		17 52	☿♑			13 22	☿⚺♄			18 46	☽⚼♃	b				
	22 11	☽⚺♆	g		23 00	☽□♇	B		20 18	☿△♅		28	04 32	☽∥♆	D				

Longitudes of Chiron, 4 larger asteroids, and the Black Moon Lilith 2021

		Chiron ⚷	Ceres ⚳	Pallas ⚴	Juno ⚵	Vesta ⚶	BML ⚸
JAN	01	05♈04	12♓09	08♒01	04♐24	20♍13	08♉02
	11	05♈16	15♓21	11♒21	07♐28	21♍09	09♉09
	21	05♈32	18♓45	14♒44	10♐24	21♍23R	10♉16
	31	05♈54	22♓17	18♒07	13♐09	20♍49R	11♉23
FEB	01	05♈56	22♓39	18♒28	13♐25	20♍43R	11♉29
	11	06♈22	26♓20	21♒51	15♐56	19♍18R	12♉36
	21	06♈51	00♈06	25♒13	18♐12	17♍13R	13♉43
	31	07♈23	03♈57	28♒33	20♐10	14♍43R	14♉49
MAR	01	07♈16	03♈11	27♒54	19♐48	15♍14R	14♉36
	11	07♈49	07♈05	01♓11	21♐29	12♍37R	15♉43
	21	08♈24	11♈01	04♓24	22♐48	10♍12R	16♉49
	31	08♈59	14♈59	07♓32	23♐39	08♍17R	17♉56
APR	01	09♈03	15♈23	07♓50	23♐43	08♍08R	18♉03
	11	09♈38	19♈22	10♓50	24♐02	07♍01R	19♉09
	21	10♈12	23♈20	13♓42	23♐48R	06♍42	20♉16
	31	10♈44	27♈18	16♓25	23♐02R	07♍11	21♉22
MAY	01	10♈44	27♈18	16♓25	23♐02R	07♍11	21♉22
	11	11♈14	01♉14	18♓55	21♐43R	08♍24	22♉29
	21	11♈41	05♉07	21♓13	19♐57R	10♍16	23♉35
	31	12♈05	08♉57	23♓14	17♐50R	12♍41	24♉42
JUN	01	12♈07	09♉20	23♓25	17♐37R	12♍57	24♉48
	11	12♈26	13♉05	25♓06	15♐21R	15♍53	25♉55
	21	12♈41	16♉45	26♓24	13♐10R	19♍12	27♉01
	31	12♈51	20♉18	27♓18	11♐15R	22♍51	28♉08

		Chiron ⚷	Ceres ⚳	Pallas ⚴	Juno ⚵	Vesta ⚶	BML ⚸
JUL	01	12♈51	20♉18	27♓18	11♐15R	22♍51	28♉08
	11	12♈55	23♉43	27♓42	09♐45R	26♍47	29♉14
	21	12♈55R	26♉59	27♓35R	08♐47R	00♎57	00♊21
	31	12♈49R	00♊03	26♓54R	08♐21R	05♎19	01♊27
AUG	01	12♈49R	00♊21	26♓48R	08♐21R	05♎46	01♊34
	11	12♈38R	03♊10	25♓28R	08♐32	10♎20	02♊40
	21	12♈22R	05♊42	23♓35R	09♐15	15♎03	03♊47
	31	12♈03R	07♊55	21♓17R	10♐27	19♎53	04♊53
SEP	01	12♈00R	08♊07	21♓02R	10♐36	20♎23	05♊00
	11	11♈37R	09♊53	18♓27R	12♐15	25♎21	06♊06
	21	11♈12R	11♊11	15♓51R	14♐17	00♏24	07♊13
	31	10♈45R	11♊57	13♓28R	16♐38	05♏33	08♊19
OCT	01	10♈45R	11♊57	13♓28R	16♐38	05♏33	08♊19
	11	10♈18R	12♊07R	11♓29R	19♐17	10♏46	09♊26
	21	09♈52R	11♊38R	10♓04R	22♐10	16♏02	10♊32
	31	09♈28R	10♊30R	09♓15R	25♐15	21♏22	11♊39
NOV	01	09♈25R	10♊22R	09♓12R	25♐34	21♏54	11♊45
	11	09♈05R	08♊36R	09♓05	28♐52	27♏16	12♊52
	21	08♈48R	06♊26R	09♓34	02♑18	02♐39	13♊58
	31	08♈35R	04♊05R	10♓35	05♑53	08♐03	15♊05
DEC	01	08♈35R	04♊05R	10♓35	05♑53	08♐03	15♊05
	11	08♈28R	01♊51R	12♓06	09♑34	13♐28	16♊11
	21	08♈26	00♊00R	14♓02	13♑20	18♐52	17♊18
	31	08♈30	28♉41R	16♓20	17♑11	24♐16	18♊24

DISTANCES APART OF ALL ☌s AND ☍s IN 2021

Note: The Distances Apart are in Declination

JANUARY

1	00	05	☽☍♃	3	00
4	09	49	☽☍♆	3	49
5	00	58	☿☌♇	0	56
7	09	14	☽☍♂	4	39
7	20	16	☽☍♅	2	57
10	03	17	☿☌♄	1	34
11	17	19	☿☌♃	1	22
11	20	14	☽☌♀	1	29
13	05	00	☽☌☉	2	50
13	07	22	☽☌♇	1	44
13	22	11	☽☌♄	3	05
14	02	55	☽☌♃	3	09
14	09	28	☽☌☿	2	12
14	14	19	☉☌♇	1	12
17	09	35	☽☌♆	3	46
20	20	38	♂☌♅	1	32
21	08	37	☽☌♅	2	53
21	09	08	☽☌♂	4	24
24	03	01	☉☌♄	0	24
27	15	37	☽☍♀	2	26
27	17	55	☽☍♇	1	45
28	11	41	☽☍♄	3	10
28	16	18	♀☌♇	0	44
28	19	16	☽☍☉	3	47
28	19	39	☽☍♃	3	18
29	01	40	☉☌♃	0	30
30	01	53	☽☍☿	5	54
31	17	09	☽☍♆	3	42

FEBRUARY

4	01	57	☽☍♅	2	47
4	14	51	☽☍♂	3	58
6	07	07	♀☌♄	0	22
8	13	48	☉☌☿	3	27
9	17	22	☽☌♇	1	48
10	12	42	☽☌♄	3	15
10	22	11	☽☌♀	3	00
10	23	29	☽☌♃	3	26
11	07	22	☽☌☿	7	38
11	15	00	♀☌♃	0	25
11	19	06	☽☌☉	4	20
13	07	48	☿☌♀	4	22
13	20	11	☽☌♆	3	39
14	21	40	☿☌♃	3	44
17	17	48	☽☌♅	2	39
19	00	48	☽☌♂	3	22
24	04	54	☽☍♇	1	53
25	02	52	☽☍♄	3	22
25	09	56	☽☍☿	5	10
25	16	40	☽☍♃	3	35
26	19	50	☽☍♀	3	17
27	08	17	☽☍☉	4	36
28	03	06	☽☍♆	3	36

MARCH

3	09	21	☽☍♅	2	31
4	23	32	☽☍♂	2	41
5	03	27	☿☌♃	0	19
9	00	52	☽☌♇	1	57
10	00	45	☽☌♄	3	28
10	17	58	☽☌♃	3	42
11	00	01	☉☌♆	0	59
11	03	32	☽☌☿	3	19
13	03	29	☽☌♀	3	15
13	05	52	☽☌♆	3	35
13	10	21	☽☌☉	4	32
14	04	08	♀☌♆	0	20
17	03	37	☽☌♅	2	23
19	18	25	☽☌♂	1	51
23	15	26	☽☍♇	2	05
24	17	38	☽☍♄	3	37
25	13	28	☽☍♃	3	51
26	06	58	☉☌♀	1	15
27	07	37	☽☍☿	2	29
27	15	05	☽☍♆	3	36
28	18	48	☽☍☉	4	12
28	19	55	☽☍♀	2	58
30	03	24	☿☌♆	1	11
30	19	54	☽☍♅	2	17

APRIL

2	10	40	☽☍♂	1	03
5	07	05	☽☌♇	2	09
6	10	32	☽☌♄	3	42
7	10	05	☽☌♃	3	56
9	14	04	☽☌♆	3	38
11	08	46	☽☌☿	2	30
12	02	31	☽☌☉	3	36
12	12	06	☽☌♀	2	26
13	13	18	☽☌♅	2	11
17	12	08	☽☌♂	0	08
19	01	49	☉☌☿	0	32
20	00	03	☽☍♇	2	15
21	05	56	☽☍♄	3	49
22	07	54	☽☍♃	4	02
23	01	01	♀☌♅	0	14
24	03	10	☽☍♆	3	41
24	06	42	☿☌♅	0	42
25	22	19	☿☌♀	1	07
27	03	32	☽☍☉	2	45
27	08	51	☽☍♅	2	08
27	17	35	☽☍♀	1	40
27	20	24	☽☍☿	2	55
30	19	54	☉☌♅	0	23
30	23	51	☽☍♂	0	39

MAY

2	13	54	☽☌♇	2	17
3	19	08	☽☌♄	3	52
5	00	05	☽☌♃	4	05
6	21	17	☽☌♆	3	42
10	22	35	☽☌♅	2	05
11	19	00	☽☌☉	1	42
12	22	20	☽☌♀	0	40
13	18	32	☽☌☿	2	05
16	05	06	☽☌♂	1	28
17	06	23	☽☍♇	2	18
18	14	29	☽☍♄	3	54
19	22	07	☽☍♃	4	06
21	13	24	☽☍♆	3	44
24	22	15	☽☍♅	2	02
26	11	14	☽☍☉	0	29
27	14	43	☽☍♀	0	23
27	17	35	☽☍☿	0	32
29	05	13	☿☌♀	0	25
29	14	36	☽☍♂	2	06
29	22	15	☽☌♇	2	17
31	03	25	☽☌♄	3	53

JUNE

1	12	04	☽☌♃	4	04
3	04	31	☽☌♆	3	44
5	19	45	♂☍♇	0	09
7	07	39	☽☌♅	2	00
10	10	53	☽☌☉	0	50
10	12	37	☽☌☿	3	55
11	01	13	☉☌☿	3	08
12	06	59	☽☌♀	1	28
13	11	16	☽☍♇	2	13
13	21	08	☽☌♂	2	42
14	19	28	☽☍♄	3	49
16	07	00	☽☍♃	3	59
17	20	55	☽☍♆	3	42
21	10	02	☽☍♅	1	55
23	14	50	☽☍☿	4	56
23	23	39	♀☍♇	0	00
24	18	40	☽☍☉	2	02
26	07	35	☽☌♇	2	10
26	12	49	☽☍♀	2	19
27	06	29	☽☍♂	3	07
27	11	23	☽☌♄	3	45
28	21	33	☽☌♃	3	54
30	12	25	☽☌♆	3	39

JULY

1	13	08	♂☍♄	0	30
4	16	41	☽☌♅	1	51
7	02	36	♀☍♄	0	54
8	04	20	☽☌☿	3	44
10	01	17	☽☌☉	3	08
10	16	10	☽☍♇	2	05
11	22	32	☽☍♄	3	39
12	11	14	☽☌♀	2	59
12	12	29	☽☌♂	3	27
13	11	00	☽☍♃	3	46
13	13	33	♀☌♂	0	27
15	02	17	☽☍♆	3	34
17	22	46	☉☍♇	1	33
18	19	00	☽☍♅	1	44
22	12	45	♀☍♃	0	25
23	07	53	☽☍☿	2	35
23	16	34	☽☌♇	2	03
24	02	37	☽☍☉	3	55
24	18	25	☽☌♄	3	34
25	20	15	☿☍♇	0	29
25	23	14	☽☍♂	3	38
26	03	56	☽☌♃	3	40
26	13	04	☽☍♀	3	22
27	20	47	☽☌♆	3	30
29	15	50	♂☍♃	0	01

AUGUST

1	01	34	☽☌♅	1	37
1	14	07	☉☌☿	1	38
1	21	50	☿☍♄	0	54
2	06	14	☉☍♄	0	45
6	22	12	☽☍♇	2	02
8	01	50	☽☍♄	3	30
8	13	50	☽☌☉	4	27
9	05	45	☽☌☿	3	02
9	12	23	☽☍♃	3	34
10	00	20	♀☍♆	0	09
10	03	42	☽☌♂	3	42
11	01	20	☿☍♃	0	24
11	07	16	☽☍♆	3	25
11	10	15	☽☌♀	3	35
15	01	18	☽☍♅	1	29
19	03	28	☿☌♂	0	04
19	23	59	☽☌♇	2	03
20	00	28	☉☍♃	1	07
20	23	55	☽☌♄	3	29
22	07	19	☽☌♃	3	31
22	12	02	☽☍☉	4	39
23	16	43	☽☍♂	3	40
24	02	03	☽☍☿	4	10
24	04	50	☽☌♆	3	22
25	01	14	☿☍♆	0	53
25	15	57	☽☍♀	3	37
28	09	52	☽☌♅	1	22

SEPTEMBER

2	17	43	♂☍♆	0	15
3	05	37	☽☍♇	2	07
4	06	55	☽☍♄	3	30
5	14	22	☽☍♃	3	31
7	00	52	☽☌☉	4	34
7	13	34	☽☍♆	3	20
7	19	24	☽☌♂	3	32
9	01	01	☽☌☿	5	25
10	04	48	☽☌♀	3	28
11	06	37	☽☍♅	1	16
14	09	21	☉☍♆	1	05
16	05	40	☽☌♇	2	11
17	04	14	☽☌♄	3	33
18	09	14	☽☌♃	3	33
20	11	39	☽☌♆	3	20
20	23	55	☽☍☉	4	13
21	11	02	☽☍♂	3	18
23	02	05	☽☍☿	6	18
23	09	41	♀☍♅	2	00
24	16	56	☽☌♅	1	12
24	20	16	☽☍♀	3	10
30	13	54	☽☍♇	2	17

OCTOBER

1	14	10	☽☍♄	3	38
2	19	29	☽☍♃	3	38
4	21	48	☽☍♆	3	23
6	11	05	☽☌☉	3	35
6	12	04	☽☌♂	2	57
6	21	40	☽☌☿	5	44
8	04	01	☉☌♂	0	36
8	13	00	☽☍♅	1	11
9	16	18	☉☌☿	1	45
9	19	37	☽☌♀	2	42
9	22	48	☿☌♂	2	16
13	10	53	☽☌♇	2	22
14	08	54	☽☌♄	3	43
15	12	29	☽☌♃	3	43
17	17	00	☽☌♆	3	26
19	05	26	☽☍☿	2	46
20	06	28	☽☍♂	2	31
20	14	57	☽☍☉	2	45
21	22	28	☽☌♅	1	11
24	21	42	☽☍♀	1	59
27	22	08	☽☍♇	2	27
28	23	03	☽☍♄	3	49
30	04	24	☽☍♃	3	50

DISTANCES APART OF ALL ☌s AND ☍s IN 2021

Note: The Distances Apart are in Declination

NOVEMBER

d	h m	Aspect	Dist.
1	07 05	☽☍♆	3 30
3	19 27	☽☌☿	1 02
4	05 55	☽☌♂	1 58
4	21 15	☽☌☉	1 39
4	21 26	☽☍♅	1 14
4	23 58	☉☍♅	0 24
8	05 19	☽☌♀	1 06
9	17 51	☽☌♇	2 30
10	12 56	☿☌♂	0 55
10	16 14	☽☌♄	3 52
11	19 52	☽☌♃	3 54
13	15 57	☿☍♅	0 34
13	21 46	☽☌♆	3 32
17	17 23	♂☍♅	0 06
18	02 44	☽☌♅	1 17
18	03 20	☽☍♂	1 22
18	19 48	☽☍☿	0 33
19	08 57	☽☍☉	0 24
23	10 49	☽☍♀	0 11
24	05 46	☽☍♇	2 31
25	08 52	☽☍♄	3 55
26	16 24	☽☍♃	3 57
28	15 50	☽☍♆	3 33
29	04 39	☉☌☿	0 42

DECEMBER

d	h m	Aspect	Dist.
2	07 01	☽☍♅	1 20
3	00 45	☽☌♂	0 38
4	07 43	☽☌☉	0 58
4	12 43	☽☌☿	0 01
7	01 21	☽☌♀	1 50
7	03 56	☽☌♇	2 30
8	03 43	☽☌♄	3 55
9	08 53	☽☌♃	3 58
11	03 50	☽☌♆	3 32
11	16 29	♀☌♇	0 04
15	06 51	☽☌♅	1 21
17	01 56	☽☍♂	0 06
19	04 35	☽☍☉	2 17
20	06 25	☽☍☿	1 04
21	13 10	☽☍♇	2 28
21	14 44	☽☍♀	4 28
22	19 28	☽☍♄	3 54
24	06 39	☽☍♃	3 56
25	12 02	♀☌♇	2 53
25	23 07	☽☍♆	3 28
29	10 27	☿☌♀	4 10
29	15 51	☽☍♅	1 20
30	09 54	☿☌♇	0 14
31	20 01	☽☌♂	0 55

PHENOMENA IN 2021

JANUARY

d	h	Phenomenon
2	14	⊕ in perihelion
6	01	☽ Zero Dec.
9	15	☽ in Perigee
12	08	☽ Max. Dec.24°S52′
16	12	♀ ☋
19	05	☽ Zero Dec.
21	13	☽ in Apogee
24	02	☿ Gt.Elong. 19 ° E.
24	10	☿ ☊
26	16	☽ Max. Dec.24°N54′
29	02	☿ in perihelion

FEBRUARY

d	h	Phenomenon
2	06	☽ Zero Dec.
3	19	☽ in Perigee
8	16	☽ Max. Dec.24°S57′
15	13	☽ Zero Dec.
18	10	☽ in Apogee
20	08	♀ in aphelion
23	00	☽ Max. Dec.25°N03′

MARCH

d	h	Phenomenon
1	13	☽ Zero Dec.
2	05	☽ in Perigee
3	17	☿ ☋
6	11	☿ Gt.Elong. 27 ° W.
7	21	☽ Max. Dec.25°S10′
14	02	☿ in aphelion
14	20	☽ Zero Dec.
18	05	☽ in Apogee
20	10	☉ enters ♈,Equinox
22	09	☽ Max. Dec.25°N19′
28	22	☽ Zero Dec.
30	06	☽ in Perigee

APRIL

d	h	Phenomenon
4	02	☽ Max. Dec.25°S25′
11	03	☽ Zero Dec.
14	18	☽ in Apogee
18	16	☽ Max. Dec.25°N32′
22	09	☿ ☊
25	09	☽ Zero Dec.
27	01	☿ in perihelion
27	15	☽ in Perigee

MAY

d	h	Phenomenon
1	10	☽ Max. Dec.25°S36′
8	09	☽ Zero Dec.
9	15	♀ ☊
11	22	☽ in Apogee
15	22	☽ Max. Dec.25°N38′
17	06	☿ Gt.Elong. 22 ° E.
22	19	☽ Zero Dec.
26	02	☽ in Perigee
26	11	☽ Total eclipse
28	19	☽ Max. Dec.25°S39′
30	16	☿ ☋

JUNE

d	h	Phenomenon
4	15	☽ Zero Dec.
8	03	☽ in Apogee
10	01	☿ in aphelion
10	11	● Annular eclipse
12	04	☽ Max. Dec.25°N38′
12	18	♀ in perihelion
19	03	☽ Zero Dec.
21	04	☉ enters ♋,Solstice
23	10	☽ in Perigee
25	06	☽ Max. Dec.25°S38′

JULY

d	h	Phenomenon
1	22	☽ Zero Dec.
4	20	☿ Gt.Elong. 22 ° W.
5	15	☽ in Apogee
5	23	⊕ in aphelion
9	10	☽ Max. Dec.25°N37′
13	01	♂ in aphelion
16	09	☽ Zero Dec.
19	09	☿ ☊
21	11	☽ in Perigee
22	15	☽ Max. Dec.25°S39′
24	01	☿ in perihelion
29	05	☽ Zero Dec.

AUGUST

d	h	Phenomenon
2	08	☽ in Apogee
5	17	☽ Max. Dec.25°N41′
12	13	☽ Zero Dec.
17	09	☽ in Perigee
18	22	☽ Max. Dec.25°S46′
25	13	☽ Zero Dec.
26	15	☿ ☋
29	05	♀ ☋
30	02	☽ in Apogee

SEPTEMBER

d	h	Phenomenon
2	00	☽ Max. Dec.25°N52′
6	00	☿ in aphelion
8	20	☽ Zero Dec.
11	10	☽ in Perigee
14	04	☿ Gt.Elong. 27 ° E.
15	04	☽ Max. Dec.25°S59′
21	21	☽ Zero Dec.
22	19	☉ enters ♎,Equinox
26	22	☽ in Apogee
29	08	☽ Max. Dec.26°N07′

OCTOBER

d	h	Phenomenon
3	01	♀ in aphelion
6	05	☽ Zero Dec.
8	17	☽ in Perigee
12	09	☽ Max. Dec.26°S12′
15	08	☿ ☊
19	04	☽ Zero Dec.
20	00	☿ in perihelion
24	15	☽ in Apogee
25	05	☿ Gt.Elong. 18 ° W.
26	16	☽ Max. Dec.26°N17′
29	22	♀ Gt.Elong. 47 ° E.

NOVEMBER

d	h	Phenomenon
2	15	☽ Zero Dec.
5	22	☽ in Perigee
8	17	☽ Max. Dec.26°S20′
15	10	☽ Zero Dec.
19	09	☽ Partial eclipse
21	02	☽ in Apogee
22	15	☿ ☋
22	23	☽ Max. Dec.26°N21′
30	02	☽ Zero Dec.

DECEMBER

d	h	Phenomenon
3	00	☿ in aphelion
4	08	● Total eclipse
4	10	☽ in Perigee
6	03	☽ Max. Dec.26°S20′
12	16	☽ Zero Dec.
18	02	☽ in Apogee
19	17	♂ ☋
20	05	☽ Max. Dec.26°N18′
20	08	♀ ☊
21	16	☉ enters ♑,Solstice
27	09	☽ Zero Dec.

LOCAL MEAN TIME OF SUNRISE FOR LATITUDES
60° North to 50° South
FOR ALL SUNDAYS IN 2021 (ALL TIMES ARE A.M.)

Date	Northern Latitudes									Southern Latitudes				
	LONDON	60°	55°	50°	40°	30°	20°	10°	0°	10°	20°	30°	40°	50°
2020	h m	h m	h m	h m	h m	h m	h m	h m	h m	h m	h m	h m	h m	h m
Dec 27	8 5	9 3	8 25	7 58	7 20	6 54	6 33	6 14	5 58	5 40	5 21	4 59	4 31	3 50
2021														
Jan 3	8 5	9 0	8 24	7 58	7 22	6 56	6 35	6 18	6 0	5 43	5 25	5 3	4 37	3 57
10	8 3	8 54	8 20	7 55	7 21	6 56	6 37	6 20	6 3	5 48	5 29	5 9	4 43	4 6
17	7 57	8 44	8 13	7 51	7 19	6 56	6 37	6 22	6 7	5 51	5 35	5 15	4 51	4 17
24	7 49	8 30	8 3	7 43	7 15	6 54	6 37	6 22	6 9	5 54	5 39	5 22	4 59	4 28
31	7 40	8 15	7 52	7 34	7 9	6 50	6 35	6 22	6 10	5 57	5 43	5 27	5 8	4 40
Feb 7	7 28	7 58	7 39	7 24	7 2	6 46	6 33	6 22	6 11	6 0	5 48	5 34	5 16	4 52
14	7 16	7 40	7 24	7 12	6 54	6 41	6 30	6 20	6 11	6 1	5 51	5 39	5 25	5 5
21	7 1	7 20	7 8	6 58	6 45	6 34	6 25	6 18	6 10	6 2	5 54	5 45	5 33	5 17
28	6 47	7 0	6 52	6 45	6 34	6 26	6 20	6 14	6 9	6 3	5 57	5 50	5 41	5 29
Mar 7	6 32	6 40	6 34	6 31	6 24	6 19	6 15	6 11	6 8	6 3	6 0	5 55	5 49	5 40
14	6 16	6 19	6 17	6 15	6 13	6 11	6 9	6 8	6 5	6 4	6 2	6 0	5·57	5 52
21	6 0	5 58	5 59	6 0	6 1	6 2	6 3	6 3	6 3	6 4	6 4	6 4	6 3	6 3
28	5 44	5 37	5 41	5 45	5 50	5 54	5 57	6 0	6 1	6 3	6 6	6 8	6 11	6 14
Apr 4	5 28	5 15	5 24	5 30	5 39	5 46	5 50	5 55	6 0	6 3	6 8	6 12	6 18	6 25
11	5 13	4 54	5 6	5 15	5 28	5 37	5 45	5 51	5 58	6 3	6 10	6 16	6 25	6 36
18	4 57	4 34	4 49	5 1	5 17	5 29	5 39	5 48	5 56	6 3	6 11	6 21	6 32	6 47
25	4 43	4 14	4 32	4 47	5 7	5 23	5 35	5 45	5 54	6 4	6 14	6 25	6 39	6 57
May 2	4 30	3 55	4 18	4 34	4 58	5 16	5 30	5 42	5 53	6 4	6 16	6 30	6 46	7 8
9	4 17	3 36	4 3	4 22	4 51	5 11	5 26	5 40	5 52	6 5	6 19	6 34	6 53	7 18
16	4 6	3 20	3 50	4 12	4 43	5 5	5 24	5 38	5 52	6 7	6 22	6 38	6 59	7 28
23	3 57	3 4	3 39	4 4	4 38	5 2	5 21	5 37	5 53	6 8	6 24	6 43	7 6	7 37
30	3 49	2 52	3 31	3 57	4 34	5 0	5 20	5 37	5 53	6 10	6 27	6 46	7 11	7 45
Jun 6	3 45	2 42	3 24	3 53	4 31	4 58	5 19	5 38	5 55	6 11	6 30	6 50	7 16	7 52
13	3 42	2 37	3 21	3 50	4 30	4 58	5 20	5 39	5 56	6 13	6 32	6 53	7 19	7 56
20	3 42	2 36	3 20	3 50	4 31	4 59	5 21	5 40	5 58	6 15	6 33	6 55	7 21	7 59
27	3 45	2 38	3 22	3 53	4 33	5 1	5 23	5 41	5 59	6 16	6 35	6 56	7 22	8 0
Jul 4	3 49	2 46	3 28	3 57	4 36	5 3	5 25	5 43	6 0	6 18	6 35	6 56	7 22	7 58
11	3 56	2 57	3 36	4 3	4 41	5 7	5 27	5 45	6 1	6 18	6 35	6 55	7 20	7 54
18	4 4	3 10	3 45	4 11	4 46	5 11	5 30	5 47	6 2	6 18	6 34	6 53	7 16	7 49
25	4 13	3 24	3 56	4 19	4 52	5 14	5 33	5 48	6 3	6 17	6 33	6 49	7 11	7 41
Aug 1	4 23	3 41	4 9	4 29	4 58	5 19	5 35	5 49	6 2	6 15	6 30	6 45	7 5	7 31
8	4 34	3 57	4 21	4 40	5 5	5 23	5 37	5 50	6 2	6 13	6 26	6 39	6 56	7 20
15	4 45	4 15	4 34	4 50	5 12	5 27	5 40	5 50	6 1	6 11	6 22	6 33	6 48	7 7
22	4 56	4 31	4 48	5 0	5 18	5 31	5 41	5 51	5 59	6 8	6 16	6 26	6 38	6 54
29	5 7	4 48	5 1	5 11	5 25	5 35	5 43	5 50	5 58	6 4	6 11	6 19	6 27	6 40
Sep 5	5 19	5 4	5 14	5 21	5 31	5 39	5 45	5 50	5 55	6 0	6 4	6 10	6 16	6 25
12	5 30	5 21	5 27	5 31	5 38	5 42	5 47	5 50	5 52	5 56	5 59	6 1	6 5	6 11
19	5 41	5 37	5 40	5 41	5 45	5 47	5 48	5 49	5 50	5 51	5 52	5 53	5 54	5 55
26	5 52	5 53	5 53	5 52	5 51	5 50	5 49	5 48	5 48	5 47	5 46	5 44	5 42	5 39
Oct 3	6 4	6 11	6 6	6 3	5 58	5 54	5 51	5 48	5 46	5 42	5 39	5 36	5 31	5 24
10	6 15	6 27	6 20	6 14	6 5	5 59	5 53	5 48	5 43	5 38	5 34	5 27	5 19	5 9
17	6 27	6 45	6 33	6 25	6 12	6 3	5 55	5 48	5 41	5 35	5 28	5 19	5 9	4 54
24	6 39	7 2	6 47	6 36	6 20	6 8	5 58	5 49	5 40	5 32	5 23	5 12	4 59	4 41
31	6 52	7 20	7 1	6 48	6 28	6 13	6 1	5 50	5 40	5 29	5 18	5 6	4 50	4 28
Nov 7	7 4	7 38	7 16	6 59	6 36	6 19	6 4	5 51	5 40	5 28	5 15	5 1	4 42	4 16
14	7 17	7 55	7 30	7 11	6 44	6 24	6 8	5 54	5 40	5 27	5 13	4 56	4 35	4 6
21	7 28	8 13	7 43	7 22	6 52	6 30	6 12	5 57	5 42	5 27	5 12	4 53	4 30	3 57
28	7 39	8 28	7 56	7 32	6 59	6 35	6 16	6 0	5 44	5 28	5 11	4 52	4 26	3 50
Dec 5	7 49	8 42	8 7	7 41	7 7	6 41	6 21	6 3	5 47	5 30	5 12	4 51	4 24	3 46
12	7 56	8 53	8 15	7 49	7 12	6 46	6 25	6 7	5 50	5 33	5 14	4 52	4 24	3 45
19	8 2	9 0	8 22	7 54	7 17	6 50	6 29	6 11	5 53	5 36	5 16	4 54	4 27	3 46
26	8 5	9 3	8 25	7 57	7 20	6 54	6 33	6 14	5 57	5 39	5 20	4 58	4 30	3 49
2022														
Jan 2	8 5	9 1	8 25	7 58	7 21	6 56	6 35	6 17	6 0	5 43	5 25	5 3	4 35	3 56

Example: To find the time of Sunrise in Jamaica (Latitude 18°N) on
Friday, June 25, 2021. On June 20 L.M.T. = 5h.21m. + 2/10 x 19m. =
5h.25m., on June 27 L.M.T. = 5h.23m. + 2/10 x 18m. = 5h.27m. therefore
L.M.T. on June 25 = 5h.25m. + 5/7 x 2m. = 5h.26m. A.M.

LOCAL MEAN TIME OF SUNSET FOR LATITUDES
60° North to 50° South
FOR ALL SUNDAYS IN 2021 (ALL TIMES ARE P.M.)

Date	LON-DON	60°	55°	50°	40°	30°	20°	10°	0°	10°	20°	30°	40°	50°
				Northern Latitudes							Southern Latitudes			
	h m	h m	h m	h m	h m	h m	h m	h m	h m	h m	h m	h m	h m	h m
2020 Dec 27	3 57	2 59	3 37	4 4	4 41	5 8	5 29	5 48	6 5	6 22	6 41	7 3	7 31	8 11
2021 Jan 3	4 4	3 9	3 45	4 11	4 47	5 13	5 33	5 51	6 8	6 25	6 44	7 5	7 32	8 11
Jan 10	4 13	3 21	3 55	4 19	4 54	5 18	5 38	5 55	6 11	6 27	6 45	7 6	7 31	8 8
Jan 17	4 23	3 36	4 7	4 30	5 2	5 24	5 42	5 59	6 13	6 29	6 45	7 5	7 29	8 3
Jan 24	4 35	3 54	4 21	4 41	5 9	5 30	5 47	6 1	6 15	6 30	6 45	7 2	7 24	7 55
Jan 31	4 48	4 12	4 35	4 52	5 18	5 36	5 51	6 4	6 16	6 30	6 43	6 58	7 18	7 45
Feb 7	5 1	4 30	4 50	5 4	5 26	5 42	5 55	6 7	6 18	6 28	6 40	6 54	7 10	7 34
Feb 14	5 14	4 49	5 4	5 16	5 35	5 48	5 59	6 8	6 18	6 26	6 36	6 48	7 2	7 22
Feb 21	5 26	5 7	5 19	5 28	5 42	5 53	6 2	6 10	6 16	6 24	6 32	6 42	6 53	7 8
Feb 28	5 38	5 25	5 34	5 40	5 50	5 58	6 4	6 10	6 15	6 21	6 27	6 34	6 43	6 55
Mar 7	5 51	5 42	5 48	5 52	5 58	6 3	6 7	6 11	6 14	6 18	6 22	6 26	6 32	6 39
Mar 14	6 3	6 0	6 2	6 3	6 5	6 8	6 9	6 11	6 12	6 14	6 15	6 18	6 21	6 24
Mar 21	6 15	6 17	6 15	6 14	6 13	6 12	6 11	6 11	6 10	6 10	6 10	6 10	6 10	6 10
Mar 28	6 26	6 34	6 30	6 25	6 20	6 16	6 13	6 11	6 8	6 5	6 3	6 1	5 58	5 54
Apr 4	6 38	6 52	6 43	6 36	6 27	6 21	6 15	6 10	6 6	6 2	5 58	5 52	5 47	5 39
Apr 11	6 50	7 8	6 56	6 47	6 34	6 24	6 17	6 10	6 4	5 58	5 51	5 45	5 36	5 25
Apr 18	7 2	7 26	7 10	6 58	6 42	6 29	6 19	6 11	6 2	5 54	5 47	5 37	5 26	5 11
Apr 25	7 13	7 43	7 24	7 9	6 48	6 33	6 22	6 11	6 1	5 51	5 41	5 30	5 16	4 57
May 2	7 25	8 1	7 38	7 20	6 56	6 38	6 23	6 11	6 0	5 49	5 37	5 24	5 7	4 44
May 9	7 37	8 18	7 51	7 31	7 3	6 43	6 26	6 12	6 0	5 47	5 34	5 18	5 0	4 33
May 16	7 47	8 35	8 3	7 41	7 9	6 47	6 29	6 14	6 0	5 46	5 30	5 14	4 52	4 23
May 23	7 57	8 50	8 15	7 50	7 16	6 52	6 32	6 15	6 0	5 45	5 28	5 11	4 48	4 16
May 30	8 5	9 4	8 25	7 58	7 21	6 56	6 35	6 18	6 1	5 45	5 27	5 8	4 43	4 9
Jun 6	8 13	9 15	8 34	8 5	7 26	6 59	6 37	6 19	6 2	5 46	5 27	5 7	4 41	4 5
Jun 13	8 18	9 23	8 39	8 10	7 29	7 1	6 40	6 21	6 3	5 46	5 28	5 7	4 41	4 4
Jun 20	8 21	9 27	8 42	8 13	7 32	7 4	6 42	6 22	6 5	5 48	5 29	5 8	4 41	4 4
Jun 27	8 21	9 27	8 43	8 13	7 32	7 5	6 43	6 24	6 7	5 49	5 31	5 9	4 43	4 6
Jul 4	8 19	9 22	8 40	8 11	7 32	7 5	6 44	6 25	6 8	5 51	5 33	5 13	4 46	4 10
Jul 11	8 15	9 13	8 34	8 7	7 29	7 4	6 43	6 25	6 9	5 52	5 36	5 15	4 51	4 17
Jul 18	8 7	9 1	8 26	8 1	7 26	7 1	6 42	6 25	6 10	5 54	5 38	5 19	4 56	4 24
Jul 25	7 58	8 47	8 15	7 52	7 20	6 57	6 39	6 24	6 10	5 56	5 40	5 24	5 2	4 32
Aug 1	7 48	8 29	8 2	7 42	7 13	6 53	6 36	6 22	6 10	5 57	5 43	5 27	5 8	4 41
Aug 8	7 35	8 12	7 48	7 30	7 6	6 47	6 33	6 21	6 9	5 58	5 45	5 31	5 14	4 52
Aug 15	7 22	7 52	7 32	7 18	6 56	6 41	6 28	6 18	6 8	5 58	5 48	5 36	5 21	5 2
Aug 22	7 7	7 32	7 17	7 4	6 46	6 33	6 23	6 14	6 6	5 58	5 49	5 39	5 27	5 12
Aug 29	6 53	7 12	6 59	6 50	6 36	6 25	6 18	6 11	6 4	5 58	5 51	5 43	5 34	5 22
Sep 5	6 37	6 51	6 42	6 35	6 24	6 18	6 11	6 7	6 1	5 57	5 52	5 47	5 40	5 32
Sep 12	6 21	6 30	6 24	6 20	6 13	6 9	6 5	6 2	5 59	5 57	5 53	5 50	5 47	5 42
Sep 19	6 4	6 8	6 6	6 4	6 1	6 0	5 59	5 58	5 57	5 56	5 55	5 54	5 53	5 53
Sep 26	5 48	5 47	5 48	5 49	5 50	5 51	5 52	5 53	5 54	5 56	5 57	5 59	6 0	6 3
Oct 3	5 33	5 26	5 30	5 34	5 38	5 42	5 46	5 49	5 52	5 55	5 59	6 2	6 8	6 14
Oct 10	5 17	5 5	5 13	5 18	5 27	5 35	5 40	5 45	5 50	5 55	6 0	6 7	6 14	6 25
Oct 17	5 2	4 44	4 55	5 4	5 17	5 26	5 35	5 41	5 48	5 55	6 2	6 11	6 22	6 36
Oct 24	4 48	4 25	4 40	4 51	5 7	5 19	5 30	5 38	5 48	5 56	6 5	6 16	6 30	6 48
Oct 31	4 34	4 6	4 24	4 38	4 58	5 14	5 26	5 37	5 47	5 57	6 9	6 22	6 37	7 0
Nov 7	4 22	3 48	4 10	4 27	4 51	5 8	5 23	5 35	5 47	5 59	6 12	6 27	6 45	7 12
Nov 14	4 11	3 32	3 57	4 17	4 44	5 4	5 20	5 35	5 48	6 1	6 16	6 33	6 54	7 24
Nov 21	4 3	3 18	3 47	4 8	4 39	5 1	5 19	5 35	5 49	6 4	6 20	6 38	7 2	7 35
Nov 28	3 56	3 7	3 39	4 3	4 36	5 0	5 19	5 36	5 51	6 8	6 24	6 45	7 10	7 46
Dec 5	3 52	2 58	3 33	3 59	4 34	5 0	5 20	5 37	5 54	6 11	6 29	6 50	7 17	7 55
Dec 12	3 50	2 53	3 31	3 58	4 34	5 1	5 22	5 40	5 58	6 14	6 33	6 55	7 23	8 3
Dec 19	3 52	2 53	3 32	3 59	4 37	5 3	5 25	5 43	6 0	6 19	6 37	6 59	7 28	8 8
Dec 26	3 56	2 58	3 36	4 3	4 41	5 7	5 28	5 47	6 4	6 22	6 41	7 3	7 30	8 11
2022 Jan 2	4 3	3 7	3 44	4 9	4 46	5 12	5 33	5 50	6 8	6 24	6 43	7 5	7 32	8 11

Example: To find the time of Sunset in Canberra (Latitude 35.3°S) on Friday, July 16, 2021. On July 11 L.M.T. = 5h.15m. - 5.3/10 x 24m. = 5h.02m., on July 18 L.M.T. = 5h.19m. - 3.5/10 x 23m. = 5h.11m. so L.M.T. on July 16 = 5h.02m. + 5/7 x 4 m. = 5h.05m. P.M.

TABLES OF HOUSES FOR LONDON, Latitude 51° 32' N.

Sidereal Time	10 ♈	11 ♉	12 ♊	Ascen ♋	2 ♌	3 ♍
H. M. S.	°	°	°	° '	°	°
0 0 0	0	9	22	26 36	13	3
0 3 40	1	10	23	27 16	13	3
0 7 20	2	11	24	27 56	14	4
0 11 1	3	12	25	28 36	15	5
0 14 41	4	13	26	29 16	15	6
0 18 21	5	14	27	29 56	16	7
0 22 2	6	15	28	0♌36	17	8
0 25 43	7	16	29	1 16	18	8
0 29 23	8	17	29	1 55	18	9
0 33 4	9	18	♋	2 35	19	10
0 36 45	10	19	1	3 15	20	11
0 40 27	11	21	2	3 54	21	12
0 44 8	12	22	3	4 34	21	13
0 47 50	13	23	4	5 13	22	13
0 51 32	14	24	4	5 53	23	14
0 55 15	15	25	5	6 33	23	15
0 58 58	16	26	6	7 12	24	16
1 2 41	17	27	7	7 52	25	17
1 6 24	18	28	8	8 31	26	18
1 10 8	19	29	9	9 11	26	19
1 13 52	20	♊	9	9 50	27	19
1 17 36	21	1	10	10 30	28	20
1 21 21	22	2	11	11 9	29	21
1 25 7	23	3	12	11 49	29	22
1 28 53	24	4	12	12 29	♍	23
1 32 39	25	5	13	13 8	1	24
1 36 26	26	6	14	13 48	1	25
1 40 13	27	7	15	14 28	2	25
1 44 1	28	8	16	15 8	3	26
1 47 50	29	9	16	15 48	4	27
1 51 39	30	10	17	16 28	4	28

Sidereal Time	10 ♉	11 ♊	12 ♋	Ascen ♌	2 ♍	3 ♎
H. M. S.	°	°	°	° '	°	°
1 51 39	0	10	17	16 28	4	28
1 55 28	1	11	18	17 8	5	29
1 59 18	2	12	19	17 48	6	♎
2 3 9	3	13	20	18 29	7	1
2 7 0	4	14	20	19 9	8	2
2 10 52	5	15	21	19 50	8	3
2 14 45	6	15	22	20 30	9	3
2 18 38	7	16	23	21 11	10	4
2 22 32	8	17	23	21 52	11	5
2 26 27	9	18	24	22 33	11	6
2 30 22	10	19	25	23 14	12	7
2 34 18	11	20	26	23 55	13	8
2 38 15	12	21	27	24 36	14	9
2 42 12	13	22	27	25 18	14	10
2 46 10	14	23	28	25 59	15	11
2 50 9	15	24	29	26 41	16	12
2 54 8	16	25	♌	27 23	17	12
2 58 8	17	26	1	28 4	18	13
3 2 9	18	27	1	28 47	18	14
3 6 11	19	28	2	29 29	19	15
3 10 13	20	29	3	0♍11	20	16
3 14 16	21	♋	4	0 53	21	17
3 18 20	22	1	5	1 36	22	18
3 22 25	23	1	5	2 19	22	19
3 26 30	24	2	6	3 2	23	20
3 30 36	25	3	7	3 45	24	21
3 34 43	26	4	8	4 28	25	22
3 38 50	27	5	9	5 11	26	23
3 42 58	28	6	9	5 55	27	24
3 47 7	29	7	10	6 38	27	25
3 51 7	30	8	11	7 22	28	25

Sidereal Time	10 ♊	11 ♋	12 ♌	Ascen ♍	2 ♍	3 ♎
H. M. S.	°	°	°	° '	°	°
3 51 17	0	8	11	7 22	28	25
3 55 27	1	9	12	8 6	29	26
3 59 38	2	10	13	8 50	♎	27
4 3 49	3	11	13	9 34	1	28
4 8 1	4	12	14	10 18	2	29
4 12 14	5	13	15	11 2	3	♏
4 16 27	6	14	16	11 47	3	1
4 20 41	7	14	17	12 31	4	2
4 24 56	8	15	17	13 16	5	3
4 29 11	9	16	18	14 1	6	4
4 33 27	10	17	19	14 46	7	5
4 37 43	11	18	20	15 31	8	6
4 42 0	12	19	21	16 16	8	7
4 46 17	13	20	22	17 1	9	8
4 50 35	14	21	22	17 46	10	9
4 54 53	15	22	23	18 32	11	10
4 59 11	16	23	24	19 17	12	11
5 3 30	17	24	25	20 3	13	12
5 7 50	18	25	26	20 48	14	13
5 12 9	19	26	27	21 34	14	13
5 16 29	20	27	28	22 20	15	14
5 20 49	21	28	28	23 6	16	15
5 25 10	22	29	29	23 52	17	16
5 29 31	23	29	♍	24 38	18	17
5 33 52	24	♌	1	25 24	19	18
5 38 13	25	1	2	26 10	20	19
5 42 34	26	2	3	26 56	20	20
5 46 55	27	3	4	27 42	21	21
5 51 17	28	4	4	28 28	22	22
5 55 38	29	5	5	29 14	23	23
6 0 0	30	6	6	0♎ 0	24	24

Sidereal Time	10 ♋	11 ♌	12 ♍	Ascen ♎	2 ♎	3 ♏
H. M. S.	°	°	°	° '	°	°
6 0 0	0	6	6	0♎ 0	24	24
6 4 22	1	7	7	0 46	25	25
6 8 43	2	8	8	1 32	26	26
6 13 5	3	9	9	2 18	26	27
6 17 26	4	10	10	3 4	27	28
6 21 47	5	11	10	3 50	28	29
6 26 8	6	12	11	4 36	29	♐
6 30 29	7	13	12	5 22	♏	1
6 34 50	8	14	13	6 8	1	1
6 39 11	9	15	14	6 54	2	2
6 43 31	10	16	15	7 40	2	3
6 47 51	11	17	16	8 26	3	4
6 52 10	12	17	16	9 12	4	5
6 56 30	13	18	17	9 57	5	6
7 0 49	14	19	18	10 43	6	7
7 5 7	15	20	19	11 28	7	8
7 9 25	16	21	20	12 14	8	9
7 13 43	17	22	21	12 59	8	10
7 18 0	18	23	22	13 44	9	11
7 22 17	19	24	22	14 29	10	12
7 26 33	20	25	23	15 14	11	13
7 30 49	21	26	24	15 59	12	14
7 35 4	22	27	25	16 44	13	15
7 39 19	23	28	26	17 29	13	16
7 43 33	24	29	27	18 13	14	16
7 47 46	25	♍	28	18 58	15	17
7 51 59	26	1	28	19 42	16	18
7 56 11	27	2	29	20 26	17	19
8 0 22	28	3	♎	21 10	17	20
8 4 33	29	4	1	21 54	18	21
8 8 43	30	5	2	22 38	19	22

Sidereal Time	10 ♌	11 ♍	12 ♎	Ascen ♎	2 ♏	3 ♐
H. M. S.	°	°	°	° '	°	°
8 8 43	0	5	2	22 38	19	22
8 12 53	1	5	3	23 22	20	23
8 17 2	2	6	3	24 5	21	24
8 21 10	3	7	4	24 49	21	25
8 25 17	4	8	5	25 32	22	26
8 29 24	5	9	6	26 15	23	27
8 33 30	6	10	7	26 58	24	28
8 37 35	7	11	8	27 41	25	29
8 41 40	8	12	8	28 24	25	29
8 45 44	9	13	9	29 7	26	♑
8 49 47	10	14	10	29 49	27	1
8 53 49	11	15	11	0♏31	28	2
8 57 51	12	16	12	1 13	29	3
9 1 52	13	17	12	1 56	29	4
9 5 52	14	18	13	2 37	♐	5
9 9 51	15	18	14	3 19	1	6
9 13 50	16	19	15	4 1	2	7
9 17 48	17	20	16	4 42	3	8
9 21 45	18	21	16	5 24	3	9
9 25 42	19	22	17	6 5	4	10
9 29 38	20	23	18	6 46	5	11
9 33 33	21	24	19	7 27	6	12
9 37 28	22	25	19	8 8	7	13
9 41 22	23	26	20	8 49	7	14
9 45 15	24	27	21	9 30	8	15
9 49 8	25	27	22	10 10	9	15
9 53 0	26	28	22	10 51	10	16
9 56 51	27	29	23	11 31	10	17
10 0 42	28	♎	24	12 12	11	18
10 4 32	29	1	25	12 52	12	19
10 8 21	30	2	26	13 32	13	20

Sidereal Time	10 ♍	11 ♎	12 ♎	Ascen ♏	2 ♐	3 ♑
H. M. S.	°	°	°	° '	°	°
10 8 21	0	2	26	13 32	13	20
10 12 10	1	3	26	14 12	14	21
10 15 59	2	4	27	14 52	14	22
10 19 47	3	5	28	15 32	15	23
10 23 34	4	5	29	16 12	16	24
10 27 21	5	6	29	16 52	17	25
10 31 7	6	7	♏	17 31	18	26
10 34 53	7	8	1	18 11	18	27
10 38 39	8	9	1	18 50	19	28
10 42 24	9	10	2	19 30	20	29
10 46 8	10	11	3	20 10	21	♒
10 49 52	11	11	4	20 49	21	1
10 53 36	12	12	4	21 29	22	2
10 57 19	13	13	5	22 8	23	3
11 1 2	14	14	6	22 48	24	4
11 4 45	15	15	7	23 27	25	5
11 8 28	16	16	7	24 7	26	6
11 12 10	17	17	8	24 47	26	7
11 15 52	18	17	9	25 26	27	8
11 19 33	19	18	9	26 6	28	9
11 23 15	20	19	10	26 45	29	11
11 26 56	21	20	11	27 25	♑	12
11 30 37	22	21	12	28 5	1	13
11 34 17	23	22	12	28 44	1	14
11 37 58	24	22	13	29 24	2	15
11 41 39	25	23	14	0♐ 4	3	16
11 45 19	26	24	15	0 44	4	17
11 48 59	27	25	15	1 24	5	18
11 52 40	28	26	16	2 4	6	19
11 56 20	29	27	17	2 44	7	20
12 0 0	30	27	17	3 24	8	21

TABLES OF HOUSES FOR LONDON, Latitude 51° 32' N.

Upper band

Left table

Sidereal Time (H. M. S.)	10 ♎	11 ♎	12 ♏	Ascen ♐	2 ♑	3 ♒
12 0 0	0	27	17	3 24	8	21
12 3 40	1	28	18	4 5	8	22
12 7 20	2	29	19	4 45	9	24
12 11 1	3	♏	20	5 26	10	25
12 14 41	4	1	20	6 7	11	26
12 18 21	5	2	21	6 48	12	27
12 22 2	6	2	22	7 29	13	28
12 25 43	7	3	22	8 11	14	29
12 29 23	8	4	23	8 52	15	♓
12 33 4	9	5	24	9 34	16	2
12 36 45	10	6	25	10 16	17	3
12 40 27	11	6	25	10 58	18	4
12 44 8	12	7	26	11 41	19	5
12 47 50	13	8	27	12 23	20	6
12 51 32	14	9	27	13 6	21	7
12 55 15	15	10	28	13 50	22	9
12 58 58	16	11	29	14 33	23	10
13 2 41	17	11	♐	15 17	24	11
13 6 24	18	12	0	16 1	25	12
13 10 8	19	13	1	16 46	26	13
13 13 52	20	14	2	17 31	28	15
13 17 36	21	15	3	18 16	29	16
13 21 21	22	16	3	19 2	♈	17
13 25 7	23	16	4	19 48	1	18
13 28 53	24	17	5	20 35	2	20
13 32 39	25	18	6	21 21	3	21
13 36 26	26	19	6	22 9	5	22
13 40 13	27	20	7	22 57	6	23
13 44 1	28	20	8	23 45	7	25
13 47 50	29	21	9	24 34	8	26
13 51 39	30	22	9	25 24	10	27

Middle table

Sidereal Time (H. M. S.)	10 ♏	11 ♏	12 ♐	Ascen ♐	2 ♒	3 ♓
13 51 39	0	22	9	25 24	10	27
13 55 27	1	23	10	26 14	11	28
13 59 18	2	24	11	27 5	12	♈
14 3 9	3	25	12	27 56	13	1
14 7 0	4	25	13	28 48	15	2
14 10 52	5	26	13	29 41	16	4
14 14 45	6	27	14	0♑34	18	5
14 18 38	7	28	15	1 28	19	6
14 22 32	8	29	16	2 23	20	7
14 26 27	9	♐	17	3 19	22	9
14 30 22	10	1	17	4 16	23	10
14 34 18	11	1	18	5 13	25	11
14 38 14	12	2	19	6 12	26	13
14 42 12	13	3	20	7 11	28	14
14 46 10	14	4	21	8 12	29	15
14 50 9	15	5	22	9 13	♓	17
14 54 8	16	6	22	10 16	2	18
14 58 8	17	7	23	11 20	4	19
15 2 9	18	7	24	12 25	6	21
15 6 11	19	8	25	13 31	7	22
15 10 34	20	9	26	14 39	9	23
15 14 16	21	10	27	15 48	11	24
15 18 22	22	11	28	16 59	12	26
15 22 25	23	12	29	18 11	14	27
15 26 30	24	13	♑	19 24	16	28
15 30 36	25	14	1	20 39	17	♈
15 34 43	26	15	2	21 57	19	1
15 38 50	27	15	2	23 15	21	2
15 42 58	28	16	3	24 36	23	3
15 47 7	29	17	4	25 59	24	5
15 51 17	30	18	5	27 23	26	6

Right table

Sidereal Time (H. M. S.)	10 ♐	11 ♐	12 ♑	Ascen ♑	2 ♓	3 ♉
15 51 15	0	18	5	27 23	26	6
15 55 27	1	19	6	28 50	28	7
15 59 38	2	20	7	0♒19	♈	9
16 3 49	3	21	8	1 50	2	10
16 8 1	4	22	10	3 24	3	11
16 12 14	5	23	11	5 0	5	12
16 16 26	6	24	12	6 39	7	14
16 20 40	7	25	13	8 20	9	15
16 24 55	8	26	14	10 4	11	16
16 29 10	9	27	15	11 51	12	17
16 33 27	10	28	16	13 41	14	19
16 37 42	11	29	17	15 34	16	20
16 42 7	12	♑	18	17 30	18	21
16 46 16	13	1	20	19 29	20	22
16 50 54	14	1	21	21 31	21	23
16 54 53	15	2	22	23 35	23	25
16 59 11	16	3	23	25 43	25	26
17 3 30	17	4	24	27 54	27	27
17 7 50	18	6	26	0♓8	28	28
17 12 9	19	7	27	2 26	♉	29
17 16 29	20	8	28	4 46	2	♊
17 20 49	21	9	♒	7 8	3	2
17 25 10	22	10	1	9 34	5	3
17 29 31	23	11	2	12 2	7	4
17 33 52	24	12	4	14 31	8	5
17 38 13	25	13	5	17 3	10	6
17 42 34	26	14	7	19 36	11	7
17 46 55	27	15	8	22 11	13	8
17 51 17	28	16	9	24 47	15	10
17 55 38	29	17	11	27 23	16	11
18 0 0	30	18	12	0♈0	18	12

Lower band

Left table

Sidereal Time (H. M. S.)	10 ♑	11 ♑	12 ♒	Ascen ♈	2 ♉	3 ♊
18 0 0	0	18	12	0 0	18	12
18 4 22	1	19	14	2 37	19	13
18 8 43	2	20	15	5 13	21	14
18 13 5	3	22	17	7 49	22	15
18 17 26	4	23	19	10 24	23	16
18 21 47	5	24	20	12 57	25	17
18 26 8	6	25	22	15 29	26	18
18 30 29	7	26	23	17 58	28	19
18 34 50	8	27	25	20 26	29	20
18 39 11	9	28	27	22 52	♊	21
18 43 31	10	29	28	25 14	2	22
18 47 51	11	♒	30	27 34	3	23
18 52 10	12	2	2	29 51	4	24
18 56 30	13	3	3	2♉6	6	26
19 0 49	14	4	5	4 17	7	27
19 5 7	15	5	7	6 25	8	28
19 9 25	16	7	9	8 29	9	29
19 13 43	17	8	10	10 29	11	♋
19 18 0	18	9	12	12 30	12	1
19 22 17	19	10	14	14 26	13	2
19 26 33	20	11	16	16 19	14	2
19 30 49	21	13	18	18 9	15	3
19 35 4	22	14	19	19 56	16	4
19 39 19	23	15	21	21 40	17	5
19 43 33	24	16	23	23 21	18	6
19 47 46	25	18	25	25 0	19	7
19 51 59	26	19	27	26 36	20	8
19 56 11	27	20	28	28 10	22	9
20 0 22	28	21	♈	29 41	23	10
20 4 33	29	23	2	1♊10	24	11
20 8 43	30	24	4	2 37	25	12

Middle table

Sidereal Time (H. M. S.)	10 ♒	11 ♒	12 ♈	Ascen ♊	2 ♊	3 ♋
20 8 43	0	24	4	2 37	25	12
20 12 54	1	25	6	4 3	26	13
20 17 3	2	27	7	5 24	27	14
20 21 11	3	28	9	6 45	28	15
20 25 19	4	29	11	8 3	28	16
20 29 30	5	♓	12	9 21	29	17
20 33 30	6	2	14	10 36	♋	18
20 37 35	7	3	16	11 49	1	19
20 41 40	8	4	18	13 1	2	19
20 45 44	9	6	19	14 12	3	20
20 49 47	10	7	21	15 21	4	21
20 53 49	11	8	23	16 29	5	22
20 57 51	12	9	24	17 35	6	23
21 1 52	13	11	26	18 39	7	24
21 5 52	14	12	28	19 44	8	25
21 9 51	15	13	29	20 47	8	25
21 13 50	16	15	♉	21 48	9	26
21 17 48	17	16	2	22 48	10	27
21 21 45	18	17	4	23 45	11	28
21 25 42	19	19	5	24 42	12	29
21 29 38	20	20	7	25 38	13	♌
21 33 33	21	21	8	26 33	14	1
21 37 28	22	23	10	27 28	14	1
21 41 22	23	24	11	28 22	15	2
21 45 15	24	25	12	29 16	16	3
21 49 8	25	26	14	0♋9	17	4
21 53 0	26	28	15	1 2	18	5
21 56 51	27	29	17	1 56	18	6
22 0 42	28	♈	18	2 49	19	7
22 4 32	29	2	19	3 43	20	8
22 8 21	30	3	20	4 36	21	8

Right table

Sidereal Time (H. M. S.)	10 ♓	11 ♈	12 ♉	Ascen ♋	2 ♋	3 ♌
22 8 21	0	3	20	4 36	21	8
22 12 10	1	4	22	5 26	21	9
22 15 59	2	5	23	6 15	22	10
22 19 47	3	7	24	7 3	23	11
22 23 34	4	8	25	7 51	24	11
22 27 24	5	9	27	8 39	24	12
22 31 7	6	10	28	9 25	25	13
22 34 53	7	12	29	10 10	26	14
22 38 39	8	13	♊	10 58	27	14
22 42 24	9	14	1	11 44	27	15
22 46 8	10	15	2	12 29	28	16
22 49 52	11	17	4	13 14	29	17
22 53 36	12	18	5	13 59	♌	18
22 57 19	13	19	6	14 43	1	19
23 1 2	14	20	7	15 27	1	19
23 4 45	15	21	8	16 10	2	20
23 8 28	16	23	9	16 54	3	21
23 12 10	17	24	10	17 37	3	22
23 15 52	18	25	11	18 19	4	23
23 19 33	19	26	12	19 2	5	24
23 23 15	20	27	13	19 44	6	24
23 26 56	21	28	14	20 26	6	25
23 30 37	22	♉	15	21 8	7	26
23 34 17	23	1	16	21 49	8	27
23 37 58	24	2	17	22 31	8	28
23 41 39	25	3	18	23 12	9	28
23 45 19	26	4	19	23 53	10	29
23 48 59	27	5	20	24 34	10	♍
23 52 40	28	6	21	25 15	11	1
23 56 20	29	8	22	25 55	12	2
24 0 0	30	9	22	26 36	13	3

Upper section

Sidereal Time	10 ♈	11 ♉	12 ♊	Ascen ♋	2 ♌	3 ♍
H. M. S.	°	°	°	° ′	°	°
0 0 0	0	9	24	28 11	14	3
0 3 40	1	10	25	28 50	14	4
0 7 20	2	11	26	29 29	15	4
0 11 1	3	13	27	0♌ 8	16	5
0 14 41	4	14	28	0 47	16	6
0 18 21	5	15	29	1 26	17	7
0 22 2	6	16	29	2 5	18	8
0 25 43	7	17	♋	2 44	18	9
0 29 23	8	18	1	3 22	19	9
0 33 4	9	19	2	4 1	20	10
0 36 45	10	20	3	4 39	21	11
0 40 27	11	21	4	5 18	21	12
0 44 8	12	22	4	5 56	22	13
0 47 50	13	23	5	6 35	23	14
0 51 32	14	24	6	7 13	23	14
0 55 15	15	25	7	7 52	24	15
0 58 58	16	26	8	8 30	25	16
1 2 41	17	28	8	9 9	26	17
1 6 24	18	29	9	9 47	26	18
1 10 8	19	♊	10	10 26	27	19
1 13 52	20	1	11	11 4	28	19
1 17 36	21	2	12	11 43	28	20
1 21 21	22	3	12	12 21	29	21
1 25 7	23	4	13	13 0	♍	22
1 28 53	24	5	14	13 39	1	23
1 32 39	25	6	15	14 17	1	24
1 36 26	26	7	15	14 56	2	25
1 40 13	27	8	16	15 35	3	25
1 44 1	28	9	17	16 14	3	26
1 47 50	29	10	18	16 53	4	27
1 51 39	30	11	19	17 32	5	28

Sidereal Time	10 ♉	11 ♊	12 ♋	Ascen ♌	2 ♍	3 ♎
H. M. S.	°	°	°	° ′	°	°
1 51 39	0	11	19	17 32	5	28
1 55 28	1	11	19	18 11	6	29
1 59 18	2	12	20	18 50	6	♎
2 3 9	3	13	21	19 29	7	1
2 7 0	4	14	22	20 9	8	2
2 10 52	5	15	22	20 48	9	2
2 14 45	6	16	23	21 28	9	3
2 18 38	7	17	24	22 8	10	4
2 22 32	8	18	25	22 47	11	5
2 26 27	9	19	25	23 27	12	6
2 30 22	10	20	26	24 7	12	7
2 34 18	11	21	27	24 48	13	8
2 38 15	12	22	28	25 28	14	9
2 42 12	13	23	29	26 8	15	10
2 46 10	14	24	29	26 49	16	11
2 50 9	15	25	♌	27 29	16	11
2 54 8	16	26	1	28 10	17	12
2 58 8	17	27	2	28 51	18	13
3 2 9	18	28	2	29 32	19	14
3 6 11	19	29	3	0♍13	19	15
3 10 13	20	♋	4	0 54	20	16
3 14 16	21	0	5	1 36	21	17
3 18 20	22	1	6	2 17	22	18
3 22 25	23	2	6	2 59	23	19
3 26 30	24	3	7	3 41	23	20
3 30 36	25	4	8	4 23	24	21
3 34 43	26	5	9	5 5	25	21
3 38 50	27	6	9	5 47	26	22
3 42 58	28	7	10	6 30	27	23
3 47 7	29	8	11	7 12	27	24
3 51 17	30	9	12	7 55	28	25

Sidereal Time	10 ♊	11 ♋	12 ♌	Ascen ♍	2 ♎	3 ♎
H. M. S.	°	°	°	° ′	°	°
3 51 17	0	9	12	7 55	28	25
3 55 27	1	10	13	8 38	29	26
3 59 38	2	11	13	9 20	♎	27
4 3 49	3	12	14	10 3	1	28
4 8 1	4	12	15	10 46	2	29
4 12 14	5	13	16	11 30	2	♏
4 16 27	6	14	17	12 13	3	1
4 20 41	7	15	17	12 57	4	2
4 24 56	8	16	18	13 40	5	3
4 29 11	9	17	19	14 24	6	4
4 33 27	10	18	20	15 8	7	5
4 37 43	11	19	21	15 52	7	6
4 42 0	12	20	22	16 36	8	6
4 46 17	13	21	22	17 20	9	7
4 50 35	14	22	23	18 4	10	8
4 54 53	15	23	24	18 48	11	9
4 59 11	16	24	25	19 33	12	10
5 3 30	17	24	26	20 17	12	11
5 7 50	18	25	26	21 2	13	12
5 12 9	19	26	27	21 46	14	13
5 16 29	20	27	28	22 31	15	14
5 20 49	21	28	29	23 16	16	15
5 25 10	22	29	♍	24 1	17	16
5 29 31	23	♌	0	24 45	18	17
5 33 52	24	1	2	25 30	18	18
5 38 13	25	2	2	26 15	19	19
5 42 34	26	3	3	27 0	20	20
5 46 55	27	4	4	27 45	21	21
5 51 17	28	5	5	28 30	22	22
5 55 38	29	6	6	29 15	23	22
6 0 0	30	7	7	0♎ 0	23	23

Lower section

Sidereal Time	10 ♋	11 ♌	12 ♍	Ascen ♎	2 ♎	3 ♏
H. M. S.	°	°	°	° ′	°	°
6 0 0	0	7	7	0 0	23	23
6 4 22	1	8	7	0 45	24	24
6 8 43	2	8	8	1 30	25	25
6 13 5	3	9	9	2 15	26	26
6 17 26	4	10	10	3 0	27	27
6 21 47	5	11	11	3 45	28	28
6 26 8	6	12	12	4 30	28	29
6 30 29	7	13	12	5 15	29	♐
6 34 50	8	14	13	5 59	♏	1
6 39 11	9	15	14	6 44	1	2
6 43 31	10	16	15	7 29	2	3
6 47 51	11	17	16	8 14	3	4
6 52 10	12	18	17	8 58	4	5
6 56 30	13	19	18	9 43	4	6
7 0 49	14	20	18	10 27	5	6
7 5 7	15	21	19	11 12	6	7
7 9 25	16	22	20	11 56	7	8
7 13 43	17	23	21	12 40	8	9
7 18 0	18	24	22	13 24	8	10
7 22 17	19	24	23	14 8	9	11
7 26 33	20	25	23	14 52	10	12
7 30 49	21	26	24	15 36	11	13
7 35 4	22	27	25	16 20	12	14
7 39 19	23	28	26	17 3	13	15
7 43 33	24	29	27	17 47	13	16
7 47 46	25	♍	28	18 30	14	17
7 51 59	26	1	28	19 14	15	18
7 56 11	27	2	29	19 57	16	18
8 0 22	28	3	♎	20 40	17	19
8 4 33	29	4	1	21 22	17	20
8 8 43	30	5	2	22 5	18	21

Sidereal Time	10 ♌	11 ♍	12 ♎	Ascen ♎	2 ♏	3 ♐
H. M. S.	°	°	°	° ′	°	°
8 8 43	0	5	2	22 5	18	21
8 12 53	1	6	3	22 48	19	22
8 17 2	2	7	3	23 30	20	23
8 21 10	3	8	4	24 13	21	24
8 25 17	4	9	5	24 55	21	25
8 29 24	5	9	6	25 37	22	26
8 33 30	6	10	7	26 19	23	27
8 37 35	7	11	7	27 1	24	28
8 41 40	8	12	8	27 43	24	29
8 45 44	9	13	9	28 24	25	♐
8 49 47	10	14	10	29 6	26	0
8 53 49	11	15	11	29 47	27	1
8 57 51	12	16	11	0♏28	28	2
9 1 52	13	17	12	1 9	28	3
9 5 52	14	18	13	1 50	29	4
9 9 51	15	19	14	2 31	♐	5
9 13 50	16	19	14	3 11	1	6
9 17 48	17	20	15	3 52	1	7
9 21 45	18	21	16	4 32	2	8
9 25 42	19	22	17	5 12	3	9
9 29 38	20	23	18	5 53	4	10
9 33 33	21	24	18	6 33	5	11
9 37 28	22	25	19	7 13	5	12
9 41 22	23	26	20	7 52	6	13
9 45 15	24	27	21	8 32	7	14
9 49 8	25	28	21	9 12	8	15
9 53 0	26	28	22	9 51	8	16
9 56 51	27	29	23	10 31	9	17
10 0 42	28	♎	24	11 10	10	18
10 4 32	29	1	24	11 49	11	19
10 8 21	30	2	25	12 28	11	19

Sidereal Time	10 ♍	11 ♎	12 ♏	Ascen ♏	2 ♐	3 ♑
H. M. S.	°	°	°	° ′	°	°
10 8 21	0	2	25	12 28	11	19
10 12 10	1	3	26	13 7	12	20
10 15 59	2	4	27	13 46	13	21
10 19 47	3	5	27	14 25	14	22
10 23 34	4	5	28	15 4	15	23
10 27 21	5	6	29	15 43	15	24
10 31 7	6	7	29	16 21	16	25
10 34 53	7	8	♏	17 0	17	26
10 38 39	8	9	1	17 39	18	27
10 42 24	9	10	2	18 17	18	28
10 46 8	10	11	2	18 56	19	29
10 49 52	11	11	3	19 34	20	=
10 53 36	12	12	4	20 13	21	1
10 57 19	13	13	4	20 51	22	2
11 1 2	14	14	5	21 30	22	4
11 4 45	15	15	6	22 8	23	5
11 8 28	16	16	7	22 47	24	6
11 12 10	17	16	7	23 25	25	7
11 15 52	18	17	8	24 4	26	8
11 19 33	19	18	9	24 42	26	9
11 23 15	20	19	9	25 21	27	10
11 26 56	21	20	10	25 59	28	11
11 30 37	22	21	11	26 38	29	12
11 34 17	23	21	12	27 16	♑	13
11 37 58	24	22	12	27 55	1	14
11 41 39	25	23	13	28 34	1	15
11 45 19	26	24	14	29 13	2	16
11 48 59	27	25	14	29 52	3	17
11 52 40	28	26	15	0♐31	4	19
11 56 20	29	26	16	1 10	5	20
12 0 0	30	27	16	1 49	6	21

TABLES OF HOUSES FOR LIVERPOOL, Latitude 53° 25' N.

Upper Section

Sidereal Time	10 ♎	11 ♎	12 ♏	Ascen ♐	2 ♑	3 ♒
H. M. S.	°	°	°	° '	°	°
12 0 0	0	27	16	1 49	6	21
12 3 40	1	28	17	2 38	7	22
12 7 20	2	29	18	3 7	8	23
12 11 1	3	♏	19	3 47	9	24
12 14 41	4	0	19	4 27	9	25
12 18 21	5	1	20	5 7	10	26
12 22 2	6	2	21	5 47	11	28
12 25 43	7	3	21	6 27	12	29
12 29 23	8	4	22	7 7	13	♓
12 33 4	9	4	23	7 48	14	1
12 36 45	10	5	24	8 28	15	2
12 40 27	11	6	24	9 9	16	4
12 44 8	12	7	25	9 51	17	5
12 47 50	13	8	26	10 32	18	6
12 51 32	14	9	26	11 14	19	7
12 55 15	15	9	27	11 56	20	8
12 58 58	16	10	28	12 38	21	10
13 2 41	17	11	29	13 21	22	11
13 6 24	18	12	29	14 3	24	12
13 10 8	19	13	♐	14 47	25	13
13 13 52	20	13	1	15 30	26	14
13 17 36	21	14	1	16 14	27	16
13 21 21	22	15	2	16 58	28	17
13 25 7	23	16	3	17 43	29	18
13 28 53	24	17	4	18 28	♒	19
13 32 39	25	17	4	19 13	2	21
13 36 26	26	18	5	19 59	3	22
13 40 13	27	19	6	20 46	4	23
13 44 1	28	20	7	21 33	5	25
13 47 50	29	21	7	22 20	7	26
13 51 39	30	22	8	23 8	8	27

Sidereal Time	10 ♏	11 ♏	12 ♐	Ascen ♐	2 ♒	3 ♓
H. M. S.	°	°	°	° '	°	°
13 51 39	0	22	8	23 8	8	27
13 55 28	1	22	9	23 57	9	28
13 59 18	2	23	10	24 46	11	♈
14 3 9	3	24	10	25 35	12	1
14 7 0	4	25	11	26 26	13	2
14 10 52	5	26	12	27 17	15	4
14 14 45	6	27	13	28 9	16	6
14 18 38	7	27	14	29 1	17	6
14 22 32	8	28	14	29 54	19	8
14 26 27	9	29	15	0♈48	20	9
14 30 22	10	♐	16	1 43	22	10
14 34 18	11	1	17	2 39	23	12
14 38 15	12	2	18	3 36	25	13
14 42 12	13	2	18	4 34	27	14
14 46 10	14	3	19	5 32	28	16
14 50 9	15	4	20	6 32	♓	17
14 54 8	16	5	21	7 33	1	18
14 58 8	17	6	22	8 35	3	20
15 2 9	18	7	23	9 38	5	21
15 6 11	19	8	24	10 43	6	22
15 10 15	20	8	24	11 49	8	23
15 14 16	21	9	25	12 56	10	25
15 18 20	22	10	26	14 5	12	26
15 22 25	23	11	27	15 16	13	27
15 26 30	24	12	28	16 28	15	29
15 30 36	25	13	29	17 41	17	♉
15 34 43	26	14	♑	18 57	19	1
15 38 50	27	15	1	20 14	21	3
15 42 58	28	16	2	21 34	22	4
15 47 7	29	16	3	22 55	24	5
15 51 17	30	17	4	24 19	26	7

Sidereal Time	10 ♐	11 ♐	12 ♑	Ascen ♑	2 ♓	3 ♉
H. M. S.	°	°	°	° '	°	°
15 51 17	0	17	4	24 19	26	7
15 55 27	1	18	5	25 45	28	8
15 59 38	2	19	6	27 14	♈	9
16 3 49	3	20	7	28 44	2	10
16 8 1	4	21	8	0♈18	4	12
16 12 14	5	22	9	1 54	5	13
16 16 27	6	23	10	3 33	7	14
16 20 41	7	24	11	5 15	9	15
16 24 56	8	25	12	7 1	11	17
16 29 11	9	26	13	8 49	13	18
16 33 27	10	27	14	10 41	15	19
16 37 43	11	28	15	12 36	17	20
16 42 0	12	29	17	14 35	19	22
16 46 17	13	♑	18	16 37	20	23
16 50 35	14	1	19	18 44	22	24
16 54 53	15	2	20	20 54	24	25
16 59 11	16	3	21	23 7	26	27
17 3 30	17	4	23	25 25	28	28
17 7 50	18	5	24	27 46	29	29
17 12 9	19	6	25	0♉11	♉	♊
17 16 29	20	7	27	2 40	3	1
17 20 49	21	8	28	5 12	5	2
17 25 10	22	9	29	7 48	6	4
17 29 31	23	10	♒	10 27	8	5
17 33 52	24	11	2	13 9	10	6
17 38 13	25	12	3	15 53	11	7
17 42 34	26	13	5	18 40	13	8
17 46 55	27	14	6	21 28	15	9
17 51 17	28	15	8	24 18	16	10
17 55 38	29	16	9	27 8	18	12
18 0 0	30	17	11	0♊0	19	13

Lower Section

Sidereal Time	10 ♑	11 ♑	12 ♒	Ascen ♈	2 ♉	3 ♊
H. M. S.	°	°	°	° '	°	°
18 0 0	0	17	11	0 0	19	13
18 4 22	1	18	12	2 52	21	14
18 8 43	2	20	14	5 42	22	15
18 13 5	3	21	15	8 32	24	16
18 17 26	4	22	17	11 20	25	17
18 21 47	5	23	19	14 7	27	18
18 26 8	6	24	20	16 51	28	19
18 30 29	7	25	22	19 33	♊	20
18 34 50	8	26	24	22 12	Ⅱ	21
18 39 11	9	28	25	24 48	2	22
18 43 31	10	29	27	27 20	3	23
18 47 51	11	♒	29	29 49	5	24
18 52 10	12	1	♓	2♉14	6	25
18 56 30	13	2	2	4 35	7	26
19 0 49	14	3	4	6 53	9	27
19 5 7	15	5	6	9 7	10	28
19 9 25	16	6	8	11 16	11	29
19 13 43	17	7	10	13 23	12	♋
19 18 0	18	8	11	15 25	13	1
19 22 17	19	10	13	17 24	15	2
19 26 33	20	11	15	19 19	16	3
19 30 49	21	12	17	21 11	17	4
19 35 4	22	13	19	22 59	18	5
19 39 19	23	15	21	24 45	19	6
19 43 33	24	16	23	26 27	20	7
19 47 46	25	17	25	28 6	21	8
19 51 59	26	18	26	29 42	22	9
19 56 11	27	20	28	1♊16	23	10
20 0 22	28	21	♈	2 46	24	11
20 4 33	29	22	2	4 15	25	12
20 8 43	30	23	4	5 41	26	13

Sidereal Time	10 ♒	11 ♒	12 ♈	Ascen Ⅱ	2 Ⅱ	3 ♋
H. M. S.	°	°	°	° '	°	°
20 8 43	0	23	4	5 41	26	13
20 12 53	1	25	6	7 5	27	14
20 17 2	2	26	8	8 26	28	14
20 21 10	3	27	9	9 46	29	15
20 25 17	4	29	11	11 3	♋	16
20 29 24	5	♈	13	12 19	1	17
20 33 30	6	1	15	13 32	2	18
20 37 35	7	3	17	14 44	3	19
20 41 40	8	4	18	15 55	4	20
20 45 44	9	5	20	17 4	5	21
20 49 47	10	7	22	18 11	6	22
20 53 49	11	8	24	19 17	7	22
20 57 51	12	9	25	20 22	7	23
21 1 52	13	11	27	21 27	8	24
21 5 52	14	12	29	22 27	9	25
21 9 51	15	13	♉	23 28	10	26
21 13 50	16	14	2	24 28	11	27
21 17 48	17	16	3	25 26	12	28
21 21 45	18	17	5	26 24	13	28
21 25 42	19	18	7	27 21	13	29
21 29 38	20	20	8	28 17	14	♌
21 33 33	21	21	10	29 12	15	1
21 37 28	22	22	11	0♋6	16	2
21 41 23	23	24	13	0 59	16	3
21 45 15	24	25	14	1 51	17	3
21 49 8	25	26	15	2 43	18	4
21 53 0	26	28	17	3 34	19	5
21 56 51	27	29	18	4 25	20	6
22 0 42	28	♈	19	5 14	20	7
22 4 32	29	2	21	6 3	21	8
22 8 21	30	3	22	6 52	22	8

Sidereal Time	10 ♓	11 ♈	12 ♉	Ascen ♋	2 ♋	3 ♌
H. M. S.	°	°	°	° '	°	°
22 8 21	0	3	22	6 52	22	8
22 12 10	1	4	23	7 40	23	9
22 15 59	2	5	25	8 27	23	10
22 19 47	3	7	26	9 14	24	11
22 23 34	4	8	27	10 1	25	12
22 27 22	5	9	28	10 47	26	13
22 31 7	6	11	♊	11 32	26	13
22 34 53	7	12	1	12 17	27	14
22 38 39	8	13	2	13 2	28	15
22 42 24	9	14	3	13 46	29	16
22 46 8	10	16	4	14 30	29	17
22 49 52	11	17	5	15 13	♌	17
22 53 36	12	18	6	15 57	1	18
22 57 19	13	19	8	16 39	1	19
23 1 2	14	20	9	17 22	2	20
23 4 45	15	22	10	18 4	3	21
23 8 28	16	23	11	18 46	4	21
23 12 10	17	24	12	19 28	5	22
23 15 52	18	25	13	20 9	5	23
23 19 33	19	26	14	20 51	6	24
23 23 15	20	28	15	21 32	6	25
23 26 56	21	29	16	22 12	7	26
23 30 37	22	♉	17	22 53	8	26
23 34 17	23	1	18	23 33	9	27
23 37 58	24	2	19	24 13	9	28
23 41 39	25	4	20	24 53	10	29
23 45 19	26	5	21	25 33	11	♍
23 48 59	27	6	21	26 13	11	0
23 52 40	28	7	22	26 53	12	1
23 56 20	29	8	23	27 32	13	2
24 0 0	30	9	24	28 11	14	3

TABLES OF HOUSES FOR NEW YORK, Latitude 40° 43' N.

Sidereal Time 0h – 1h51m

Sidereal Time H. M. S.	10 ♈ °	11 ♉ °	12 ♊ °	Ascen ♋ ° '	2 ♌ °	3 ♍ °
0 0 0	0	6	15	18 54	8	1
0 3 40	1	7	16	19 39	9	2
0 7 20	2	8	17	20 24	10	3
0 11 1	3	9	18	21 9	11	4
0 14 41	4	11	19	21 54	12	5
0 18 21	5	12	20	22 38	12	6
0 22 2	6	13	21	23 23	13	6
0 25 43	7	14	22	24 8	14	7
0 29 23	8	15	22	24 52	15	8
0 33 4	9	16	23	25 36	15	9
0 36 45	10	17	24	26 21	16	10
0 40 27	11	18	25	27 5	17	11
0 44 8	12	19	26	27 49	18	12
0 47 50	13	20	27	28 33	19	13
0 51 32	14	21	28	29 18	19	13
0 55 15	15	22	29	0 ♋ 2	20	14
0 58 58	16	23	29	0 46	21	15
1 2 41	17	24	♋	1 30	22	16
1 6 24	18	25	1	2 14	23	17
1 10 8	19	26	2	2 59	23	18
1 13 52	20	27	3	3 43	24	19
1 17 36	21	28	4	4 27	25	20
1 21 21	22	29	4	5 11	26	21
1 25 7	23	♊	5	5 56	26	22
1 28 53	24	1	6	6 40	27	22
1 32 39	25	2	7	7 25	28	23
1 36 26	26	2	8	8 9	29	24
1 40 13	27	3	9	8 54	♍	25
1 44 1	28	4	10	9 38	1	26
1 47 50	29	5	10	10 23	1	27

Sidereal Time 1h51m – 3h51m

Sidereal Time H. M. S.	10 ♉ °	11 ♊ °	12 ♋ °	Ascen ♌ ° '	2 ♍ °	3 ♍ °
1 51 39	0	6	11	11 8	2	28
1 55 28	1	7	12	11 53	3	29
1 59 18	2	8	13	12 38	4	♎
2 3 9	3	9	14	13 23	5	1
2 7 0	4	10	15	14 8	5	2
2 10 52	5	11	15	14 54	6	3
2 14 45	6	12	16	15 39	7	4
2 18 38	7	13	17	16 25	8	5
2 22 32	8	14	18	17 10	9	5
2 26 27	9	15	19	17 56	10	6
2 30 22	10	16	20	18 42	11	7
2 34 18	11	17	20	19 28	11	8
2 38 15	12	18	21	20 15	12	9
2 42 12	13	19	22	21 1	13	10
2 46 10	14	20	23	21 47	14	11
2 50 9	15	21	24	22 34	15	12
2 54 8	16	21	25	23 21	16	13
2 58 8	17	22	25	24 8	17	14
3 2 9	18	23	26	24 55	17	15
3 6 11	19	24	27	25 42	18	16
3 10 13	20	25	28	26 30	19	17
3 14 16	21	26	29	27 17	20	18
3 18 20	22	27	♌	28 5	21	19
3 22 25	23	28	1	28 53	22	20
3 26 30	24	29	1	29 41	23	21
3 30 36	25	♌	2	0 ♍ 29	24	22
3 34 43	26	1	3	1 12	25	23
3 38 50	27	2	4	2 6	25	24
3 42 58	28	3	5	2 55	26	25
3 47 7	29	4	6	3 44	27	26

Sidereal Time 3h51m – 6h

Sidereal Time H. M. S.	10 ♊ °	11 ♋ °	12 ♌ °	Ascen ♍ ° '	2 ♍ °	3 ♎ °
3 51 17	0	5	7	4 33	28	27
3 55 27	1	6	8	5 22	29	28
3 59 38	2	7	8	6 11	♎	29
4 3 49	3	8	9	7 1	1	♏
4 8 1	4	8	10	7 50	2	1
4 12 14	5	9	11	8 40	3	2
4 16 27	6	10	12	9 30	4	3
4 20 41	7	11	13	10 20	5	4
4 24 56	8	12	14	11 10	5	5
4 29 11	9	13	15	12 1	6	6
4 33 27	10	14	16	12 51	7	7
4 37 43	11	15	16	13 42	8	8
4 42 0	12	16	17	14 33	9	9
4 46 17	13	17	18	15 23	10	10
4 50 35	14	18	19	16 14	11	11
4 54 53	15	19	20	17 5	12	12
4 59 11	16	20	21	17 57	13	13
5 3 30	17	21	22	18 48	14	14
5 7 50	18	22	23	19 39	15	15
5 12 9	19	23	24	20 31	16	16
5 16 29	20	24	25	21 22	17	17
5 20 49	21	25	26	22 14	18	18
5 25 10	22	26	27	23 5	19	19
5 29 31	23	27	27	23 57	19	20
5 33 52	24	28	28	24 49	20	21
5 38 13	25	29	29	25 41	21	22
5 42 34	26	♌	♍	26 32	22	23
5 46 55	27	1	1	27 24	23	23
5 51 17	28	2	2	28 16	24	24
5 55 38	29	3	3	29 8	25	25
6 0 0	30	4	4	0 ♎ 0	26	26

Sidereal Time 6h – 8h8m

Sidereal Time H. M. S.	10 ♋ °	11 ♌ °	12 ♍ °	Ascen ♎ ° '	2 ♎ °	3 ♏ °
6 0 0	0	4	4	0 0	26	26
6 4 22	1	5	5	0 52	27	27
6 8 43	2	6	6	1 44	28	28
6 13 5	3	7	7	2 36	29	29
6 17 26	4	7	7	3 28	♏	♐
6 21 47	5	8	9	4 19	1	1
6 26 8	6	9	10	5 11	2	2
6 30 29	7	10	11	6 3	3	3
6 34 50	8	11	11	6 55	3	4
6 39 11	9	12	12	7 46	4	5
6 43 31	10	13	13	8 38	5	6
6 47 51	11	14	14	9 29	6	7
6 52 10	12	15	15	10 21	7	8
6 56 30	13	16	16	11 12	8	9
7 0 49	14	17	17	12 4	9	10
7 5 7	15	18	18	12 55	10	11
7 9 25	16	19	19	13 46	11	12
7 13 43	17	20	20	14 37	12	13
7 18 0	18	21	21	15 27	13	14
7 22 17	19	22	22	16 18	14	15
7 26 33	20	23	23	17 9	14	16
7 30 49	21	24	24	17 59	15	17
7 35 4	22	25	25	18 50	16	18
7 39 19	23	26	25	19 40	17	19
7 43 33	24	27	26	20 30	18	20
7 47 46	25	28	27	21 20	19	21
7 51 59	26	29	28	22 10	20	22
7 56 11	27	♍	29	22 59	21	22
8 0 22	28	1	♎	23 49	22	23
8 4 33	29	2	1	24 38	22	24
8 8 43	30	3	2	25 27	23	25

Sidereal Time 8h8m – 10h8m

Sidereal Time H. M. S.	10 ♌ °	11 ♍ °	12 ♎ °	Ascen ♎ ° '	2 ♏ °	3 ♐ °
8 8 43	0	3	2	25 27	23	25
8 12 53	1	4	3	26 16	24	26
8 17 2	2	5	4	27 5	25	27
8 21 10	3	6	5	27 54	26	28
8 25 17	4	7	6	28 42	27	29
8 29 24	5	8	6	29 31	28	♑
8 33 30	6	9	7	0 ♏ 19	29	1
8 37 35	7	10	8	1 7	♐	2
8 41 40	8	11	9	1 55	1	3
8 45 44	9	12	10	2 43	1	4
8 49 47	10	13	11	3 30	2	5
8 53 49	11	14	12	4 18	3	6
8 57 51	12	15	13	5 5	4	7
9 1 52	13	16	13	5 52	5	8
9 5 52	14	17	14	6 39	5	9
9 9 51	15	18	15	7 26	6	9
9 13 50	16	19	16	8 13	7	10
9 17 48	17	20	17	8 59	8	11
9 21 45	18	21	18	9 45	9	12
9 25 42	19	22	19	10 32	10	13
9 29 38	20	23	19	11 18	10	14
9 33 33	21	24	20	12 4	11	15
9 37 28	22	25	21	12 50	12	16
9 41 22	23	25	22	13 35	13	17
9 45 15	24	26	23	14 21	14	18
9 49 8	25	27	24	15 6	15	19
9 53 0	26	28	25	15 52	15	20
9 56 51	27	29	26	16 37	16	21
10 0 42	28	♎	26	17 22	17	22
10 4 32	29	1	27	18 7	18	23
10 8 21	30	2	28	18 52	19	24

Sidereal Time 10h8m – 12h

Sidereal Time H. M. S.	10 ♍ °	11 ♎ °	12 ♎ °	Ascen ♏ ° '	2 ♐ °	3 ♑ °
10 8 21	0	2	28	18 52	19	24
10 12 10	1	3	29	19 37	20	25
10 15 59	2	4	29	20 22	20	26
10 19 47	3	5	♏	21 6	21	27
10 23 34	4	6	1	21 51	22	28
10 27 21	5	7	2	22 35	23	28
10 31 7	6	8	3	23 20	24	29
10 34 53	7	8	4	24 4	24	♒
10 38 39	8	9	4	24 49	25	1
10 42 24	9	10	5	25 33	26	2
10 46 8	10	11	6	26 17	27	3
10 49 52	11	12	7	27 1	28	4
10 53 36	12	13	7	27 46	29	5
10 57 19	13	14	8	28 30	♑	6
11 1 2	14	15	9	29 14	1	7
11 4 45	15	16	10	29 58	1	8
11 8 28	16	17	11	0 ♐ 42	2	9
11 12 10	17	17	11	1 27	3	10
11 15 52	18	18	12	2 11	4	11
11 19 33	19	19	13	2 55	5	12
11 23 15	20	20	14	3 39	6	13
11 26 56	21	21	15	4 24	7	14
11 30 37	22	22	15	5 8	8	15
11 34 17	23	23	16	5 52	8	16
11 37 58	24	24	17	6 37	9	17
11 41 39	25	24	18	7 22	10	18
11 45 19	26	25	18	8 6	11	19
11 48 59	27	26	19	8 51	12	21
11 52 40	28	27	20	9 36	13	22
11 56 20	29	28	21	10 21	14	23
12 0 0	30	29	22	11 6	15	24

Upper section

Sidereal Time	10 ♎	11 ♎	12 ♏	Ascen ♐	2 ♑	3 =
H. M. S.	°	°	°	° '	°	°
12 0 0	0	29	22	11 6	15	24
12 3 40	1	♏	22	11 51	16	25
12 7 20	2	1	23	12 37	17	26
12 11 1	3	1	24	13 23	18	27
12 14 41	4	2	25	14 8	18	28
12 18 21	5	3	25	14 54	19	29
12 22 2	6	4	26	15 40	20	♓
12 25 43	7	5	27	16 27	21	1
12 29 23	8	6	28	17 13	22	2
12 33 4	9	7	28	18 0	23	3
12 36 45	10	7	29	18 47	24	4
12 40 27	11	8	♐	19 34	25	6
12 44 8	12	9	1	20 22	26	7
12 47 50	13	10	2	21 9	27	8
12 51 32	14	11	2	21 57	28	9
12 55 15	15	12	3	22 46	29	10
12 58 58	16	13	4	23 35	=	11
13 2 41	17	13	5	24 24	1	12
13 6 24	18	14	6	25 13	2	13
13 10 8	19	15	6	26 3	3	15
13 13 52	20	16	7	26 53	5	16
13 17 36	21	17	8	27 43	6	17
13 21 21	22	18	9	28 34	7	18
13 25 7	23	19	9	29 26	8	19
13 28 53	24	19	10	0♏17	9	20
13 32 39	25	20	11	1 9	10	22
13 36 26	26	21	12	2 2	11	23
13 40 13	27	22	13	2 55	12	24
13 44 1	28	23	14	3 49	14	25
13 47 50	29	24	14	4 43	15	26
13 51 39	30	25	15	5 38	16	27

Sidereal Time	10 ♏	11 ♏	12 ♐	Ascen ♑	2 =	3 ♓
H. M. S.	°	°	°	° '	°	°
13 51 39	0	25	15	5 38	16	27
13 55 28	1	25	16	6 33	17	29
13 59 18	2	26	17	7 29	18	♈
14 3 9	3	27	18	8 26	20	1
14 7 0	4	28	19	9 23	21	2
14 10 52	5	29	19	10 21	22	3
14 14 45	6	♐	20	11 19	23	5
14 18 38	7	1	21	12 18	25	6
14 22 32	8	2	22	13 18	26	7
14 26 27	9	2	23	14 19	27	8
14 30 22	10	3	24	15 21	28	9
14 34 18	11	4	25	16 23	♈	11
14 38 16	12	5	25	17 26	1	12
14 42 12	13	6	26	18 30	2	13
14 46 10	14	7	27	19 34	4	14
14 50 9	15	8	28	20 40	5	16
14 54 8	16	9	29	21 47	6	17
14 58 8	17	9	♑	22 54	8	18
15 2 9	18	10	1	24 3	9	19
15 6 11	19	11	2	25 12	10	20
15 10 13	20	12	3	26 23	12	22
15 14 16	21	13	4	27 34	13	23
15 18 20	22	14	5	28 47	15	24
15 22 25	23	15	6	0=1	16	25
15 26 30	24	16	7	1 16	18	27
15 30 36	25	17	8	2 32	19	28
15 34 43	26	18	9	3 50	21	29
15 38 50	27	19	10	5 8	22	♉
15 42 58	28	20	11	6 28	24	1
15 47 7	29	20	12	7 49	25	3
15 51 17	30	21	13	9 12	27	4

Sidereal Time	10 ♐	11 ♐	12 ♑	Ascen =	2 ♓	3 ♉
H. M. S.	°	°	°	° '	°	°
15 51 17	0	21	13	9 12	27	4
15 55 27	1	22	14	10 35	28	5
15 59 38	2	23	15	12 0	♈	6
16 3 49	3	24	16	13 27	1	7
16 8 1	4	25	17	14 54	3	9
16 12 14	5	26	18	16 23	4	10
16 16 26	6	27	19	17 54	6	11
16 20 41	7	28	20	19 26	7	12
16 24 56	8	29	21	20 59	9	13
16 29 11	9	♑	22	22 34	11	15
16 33 27	10	1	23	24 10	12	16
16 37 43	11	2	25	25 47	14	17
16 42 0	12	3	26	27 26	15	18
16 46 17	13	4	27	29 6	17	19
16 50 35	14	5	28	0♈47	18	20
16 54 53	15	6	29	2 30	20	22
16 59 11	16	7	=	4 13	21	23
17 3 30	17	8	2	5 58	23	24
17 7 50	18	9	3	7 45	24	25
17 12 9	19	10	4	9 32	26	26
17 16 29	20	11	5	11 20	27	27
17 20 49	21	12	7	13 9	29	28
17 25 10	22	13	8	14 59	♉	♊
17 29 31	23	14	9	16 50	2	1
17 33 52	24	15	10	18 42	3	2
17 38 13	25	16	12	20 34	4	3
17 42 34	26	17	13	22 26	6	4
17 46 55	27	18	14	24 19	7	5
17 51 17	28	19	16	26 13	9	6
17 55 38	29	20	17	28 6	10	7
18 0 0	30	22	19	0♈0	11	8

Lower section

Sidereal Time	10 ♑	11 ♑	12 =	Ascen ♈	2 ♉	3 ♊
H. M. S.	°	°	°	° '	°	°
18 0 0	0	22	19	0 0	11	8
18 4 22	1	23	20	1 54	13	10
18 8 43	2	24	21	3 47	14	11
18 13 5	3	25	23	5 41	16	12
18 17 26	4	26	24	7 34	17	13
18 21 47	5	27	26	9 26	18	14
18 26 8	6	28	27	11 18	20	15
18 30 29	7	29	28	13 10	21	16
18 34 50	8	=	♓	15 1	22	17
18 39 11	9	2	1	16 51	23	18
18 43 31	10	3	3	18 40	25	19
18 47 51	11	4	4	20 28	26	20
18 52 10	12	5	6	22 15	27	21
18 56 30	13	6	7	24 2	28	22
19 0 49	14	7	9	25 47	♊	23
19 5 7	15	8	10	27 30	1	24
19 9 25	16	10	12	29 13	2	25
19 13 43	17	11	13	0♉54	3	26
19 18 0	18	12	15	2 34	4	27
19 22 17	19	13	16	4 13	5	28
19 26 33	20	14	18	5 50	7	29
19 30 49	21	15	19	7 26	8	♋
19 35 4	22	17	21	9 1	9	1
19 39 19	23	18	23	10 34	10	2
19 43 33	24	19	24	12 6	11	3
19 47 46	25	20	26	13 37	12	4
19 51 59	26	21	27	15 6	13	5
19 56 11	27	23	29	16 51	14	6
20 0 22	28	24	♈	18 0	15	7
20 4 33	29	25	2	19 25	16	8
20 8 43	30	26	3	20 48	17	9

Sidereal Time	10 =	11 =	12 ♈	Ascen ♉	2 ♊	3 ♋
H. M. S.	°	°	°	° '	°	°
20 8 43	0	26	3	20 48	17	9
20 12 53	1	27	5	22 11	18	10
20 17 2	2	29	6	23 32	19	11
20 21 10	3	♓	8	24 51	20	11
20 25 17	4	1	9	26 10	21	12
20 29 24	5	2	11	27 28	22	13
20 33 30	6	3	12	28 44	23	14
20 37 35	7	5	14	29 59	24	15
20 41 40	8	6	15	1♊13	25	16
20 45 44	9	7	16	2 26	26	17
20 49 47	10	8	18	3 37	27	18
20 53 49	11	10	19	4 48	28	19
20 57 51	12	11	21	5 57	29	20
21 1 52	13	12	22	7 6	♋	21
21 5 52	14	13	24	8 13	1	21
21 9 51	15	14	25	9 20	2	22
21 13 50	16	16	26	10 26	3	23
21 17 48	17	17	28	11 30	4	24
21 21 45	18	18	29	12 34	5	25
21 25 42	19	19	♉	13 37	6	26
21 29 38	20	21	2	14 40	7	27
21 33 33	21	22	3	15 41	7	28
21 37 28	22	23	4	16 42	8	28
21 41 22	23	24	5	17 42	9	29
21 45 15	24	25	7	18 41	10	♌
21 49 8	25	27	8	19 39	11	1
21 53 0	26	28	9	20 37	11	2
21 56 51	27	29	10	21 34	12	3
22 0 42	28	♈	12	22 31	13	4
22 4 32	29	1	13	23 27	14	5
22 8 13	30	3	14	24 22	15	5

Sidereal Time	10 ♓	11 ♈	12 ♉	Ascen ♊	2 ♋	3 ♌
H. M. S.	°	°	°	° '	°	°
22 8 21	0	3	14	24 22	15	5
22 12 10	1	4	15	25 17	16	6
22 15 59	2	5	16	26 11	16	7
22 19 47	3	6	18	27 5	17	8
22 23 34	4	7	19	27 58	18	9
22 27 21	5	8	20	28 51	19	10
22 31 7	6	10	21	29 43	20	11
22 34 53	7	11	22	0♋34	21	11
22 38 39	8	12	23	1 26	21	12
22 42 24	9	13	24	2 17	22	13
22 46 8	10	14	25	3 7	23	14
22 49 52	11	15	27	3 57	24	15
22 53 36	12	17	28	4 47	25	16
22 57 19	13	18	29	5 36	25	17
23 1 2	14	19	♊	6 25	26	17
23 4 45	15	20	1	7 14	27	18
23 8 28	16	21	2	8 3	28	19
23 12 10	17	22	3	8 51	28	20
23 15 52	18	23	4	9 38	29	21
23 19 33	19	24	5	10 26	♌	22
23 23 15	20	26	6	11 13	1	23
23 26 56	21	27	7	12 0	2	23
23 30 37	22	28	8	12 47	2	24
23 34 17	23	29	9	13 33	3	25
23 37 58	24	♉	10	14 20	4	26
23 41 39	25	1	11	15 6	5	27
23 45 5	26	2	12	15 52	5	28
23 48 59	27	3	12	16 37	6	29
23 52 40	28	4	13	17 23	7	29
23 56 20	29	5	14	18 9	8	♍
24 0 0	30	6	15	18 54	8	1

PROPORTIONAL LOGARITHMS FOR FINDING THE PLANETS' PLACES

degrees or hours

min	0	1	2	3	4	5	6	7	8	9	10	11	12	13	14	15	min
0		1.3802	1.0792	9031	7782	6812	6021	5351	4771	4260	3802	3388	3010	2663	2341	2041	0
1	3.1584	1.3730	1.0756	9007	7763	6798	6009	5341	4762	4252	3795	3382	3004	2657	2336	2036	1
2	2.8573	1.3660	1.0720	8983	7745	6784	5997	5331	4753	4244	3788	3375	2998	2652	2331	2032	2
3	2.6812	1.3590	1.0685	8959	7728	6769	5985	5320	4744	4236	3780	3368	2992	2646	2325	2027	3
4	2.5563	1.3522	1.0649	8935	7710	6755	5973	5310	4735	4228	3773	3362	2986	2640	2320	2022	4
5	2.4594	1.3454	1.0615	8912	7692	6741	5961	5300	4726	4220	3766	3355	2980	2635	2315	2017	5
6	2.3802	1.3388	1.0580	8888	7674	6726	5949	5290	4717	4212	3759	3349	2974	2629	2310	2012	6
7	2.3133	1.3323	1.0546	8865	7657	6712	5937	5279	4708	4204	3752	3342	2968	2624	2305	2008	7
8	2.2553	1.3259	1.0512	8842	7639	6698	5925	5269	4699	4196	3745	3336	2962	2618	2300	2003	8
9	2.2041	1.3195	1.0478	8819	7622	6684	5913	5259	4691	4188	3737	3329	2956	2613	2295	1998	9
10	2.1584	1.3133	1.0444	8796	7604	6670	5902	5249	4682	4180	3730	3323	2950	2607	2289	1993	10
11	2.1170	1.3071	1.0411	8773	7587	6656	5890	5239	4673	4172	3723	3316	2944	2602	2284	1988	11
12	2.0792	1.3010	1.0378	8751	7570	6642	5878	5229	4664	4164	3716	3310	2939	2596	2279	1984	12
13	2.0444	1.2950	1.0345	8728	7552	6628	5867	5219	4655	4156	3709	3303	2933	2591	2274	1979	13
14	2.0122	1.2891	1.0313	8706	7535	6614	5855	5209	4646	4149	3702	3297	2927	2585	2269	1974	14
15	1.9823	1.2833	1.0280	8683	7518	6601	5843	5199	4638	4141	3695	3291	2921	2580	2264	1969	15
16	1.9542	1.2775	1.0248	8661	7501	6587	5832	5189	4629	4133	3688	3284	2915	2574	2259	1965	16
17	1.9279	1.2719	1.0216	8639	7484	6573	5820	5179	4620	4125	3681	3278	2909	2569	2254	1960	17
18	1.9031	1.2663	1.0185	8617	7467	6559	5809	5169	4611	4117	3674	3271	2903	2564	2249	1955	18
19	1.8796	1.2607	1.0153	8595	7451	6546	5797	5159	4603	4110	3667	3265	2897	2558	2244	1950	19
20	1.8573	1.2553	1.0122	8573	7434	6532	5786	5149	4594	4102	3660	3259	2891	2553	2239	1946	20
21	1.8361	1.2499	1.0091	8552	7417	6519	5774	5139	4585	4094	3653	3252	2885	2547	2234	1941	21
22	1.8159	1.2445	1.0061	8530	7401	6505	5763	5129	4577	4086	3646	3246	2880	2542	2229	1936	22
23	1.7966	1.2393	1.0030	8509	7384	6492	5752	5120	4568	4079	3639	3239	2874	2536	2224	1932	23
24	1.7782	1.2341	1.0000	8487	7368	6478	5740	5110	4559	4071	3632	3233	2868	2531	2218	1927	24
25	1.7604	1.2289	0.9970	8466	7351	6465	5729	5100	4551	4063	3625	3227	2862	2526	2213	1922	25
26	1.7434	1.2239	0.9940	8445	7335	6451	5718	5090	4542	4055	3618	3220	2856	2520	2208	1918	26
27	1.7270	1.2188	0.9910	8424	7319	6438	5707	5081	4534	4048	3611	3214	2850	2515	2203	1913	27
28	1.7112	1.2139	0.9881	8403	7302	6425	5695	5071	4525	4040	3604	3208	2845	2510	2198	1908	28
29	1.6960	1.2090	0.9852	8382	7286	6412	5684	5061	4516	4033	3597	3201	2839	2504	2193	1903	29
30	1.6812	1.2041	0.9823	8361	7270	6398	5673	5051	4508	4025	3590	3195	2833	2499	2188	1899	30
31	1.6670	1.1993	0.9794	8341	7254	6385	5662	5042	4499	4017	3583	3189	2827	2493	2183	1894	31
32	1.6532	1.1946	0.9765	8320	7238	6372	5651	5032	4491	4010	3576	3183	2821	2488	2178	1889	32
33	1.6398	1.1899	0.9737	8300	7222	6359	5640	5023	4482	4002	3570	3176	2816	2483	2173	1885	33
34	1.6269	1.1852	0.9708	8279	7206	6346	5629	5013	4474	3995	3563	3170	2810	2477	2169	1880	34
35	1.6143	1.1806	0.9680	8259	7190	6333	5618	5004	4466	3987	3556	3164	2804	2472	2164	1876	35
36	1.6021	1.1761	0.9652	8239	7175	6320	5607	4994	4457	3979	3549	3158	2798	2467	2159	1871	36
37	1.5902	1.1716	0.9625	8219	7159	6307	5596	4984	4449	3972	3542	3151	2793	2461	2154	1866	37
38	1.5786	1.1671	0.9597	8199	7143	6294	5585	4975	4440	3964	3535	3145	2787	2456	2149	1862	38
39	1.5673	1.1627	0.9570	8179	7128	6282	5574	4965	4432	3957	3529	3139	2781	2451	2144	1857	39
40	1.5563	1.1584	0.9542	8159	7112	6269	5563	4956	4424	3949	3522	3133	2775	2445	2139	1852	40
41	1.5456	1.1540	0.9515	8140	7097	6256	5552	4947	4415	3942	3515	3126	2770	2440	2134	1848	41
42	1.5351	1.1498	0.9488	8120	7081	6243	5541	4937	4407	3934	3508	3120	2764	2435	2129	1843	42
43	1.5249	1.1455	0.9462	8101	7066	6231	5531	4928	4399	3927	3502	3114	2758	2430	2124	1839	43
44	1.5149	1.1413	0.9435	8081	7050	6218	5520	4918	4390	3919	3495	3108	2753	2424	2119	1834	44
45	1.5051	1.1372	0.9409	8062	7035	6205	5509	4909	4382	3912	3488	3102	2747	2419	2114	1829	45
46	1.4956	1.1331	0.9383	8043	7020	6193	5498	4900	4374	3905	3481	3096	2741	2414	2109	1825	46
47	1.4863	1.1290	0.9356	8023	7005	6180	5488	4890	4366	3897	3475	3089	2736	2409	2104	1820	47
48	1.4771	1.1249	0.9331	8004	6990	6168	5477	4881	4357	3890	3468	3083	2730	2403	2099	1816	48
49	1.4682	1.1209	0.9305	7985	6975	6155	5466	4872	4349	3882	3461	3077	2724	2398	2095	1811	49
50	1.4594	1.1170	0.9279	7966	6960	6143	5456	4863	4341	3875	3454	3071	2719	2393	2090	1806	50
51	1.4508	1.1130	0.9254	7948	6945	6131	5445	4853	4333	3868	3448	3065	2713	2388	2085	1802	51
52	1.4424	1.1091	0.9228	7929	6930	6118	5435	4844	4325	3860	3441	3059	2707	2382	2080	1797	52
53	1.4341	1.1053	0.9203	7910	6915	6106	5424	4835	4316	3853	3434	3053	2702	2377	2075	1793	53
54	1.4260	1.1015	0.9178	7891	6900	6094	5414	4826	4308	3846	3428	3047	2696	2372	2070	1788	54
55	1.4180	1.0977	0.9153	7873	6885	6081	5403	4817	4300	3838	3421	3041	2691	2367	2065	1784	55
56	1.4102	1.0939	0.9128	7855	6871	6069	5393	4808	4292	3831	3415	3034	2685	2362	2061	1779	56
57	1.4025	1.0902	0.9104	7836	6856	6057	5382	4798	4284	3824	3408	3028	2679	2356	2056	1775	57
58	1.3949	1.0865	0.9079	7818	6841	6045	5372	4789	4276	3817	3401	3022	2674	2351	2051	1770	58
59	1.3875	1.0828	0.9055	7800	6827	6033	5361	4780	4268	3809	3395	3016	2668	2346	2046	1765	59
	0	1	2	3	4	5	6	7	8	9	10	11	12	13	14	15	

RULE: Add proportional log of planet's daily motion to log of time from noon, and the sum will be the log of the motion required. Add this to planet's place at noon, if time is p.m., but subtract if a.m., and the sum will be planet's true position. If Retrograde, subtract for p.m., but add for a.m.

What is the long. of Moon 4 October 2021 6:30pm?
Moon's daily motion = 14°02'55"
    Prop Log of 14°02'55" 0.2325
    Prop Log of 6h 30m 0.5673
Moon's motion in 6h 30m = 3°48' or log 0.7998
Moon's long. = 15°♍33' + 3°48'= 19°♍21'

See pages 26-28 for daily motions